수학탐정 매키와
수학도둑 누팡의 대결

일러두기

- 이 책은 두리미디어에서 3권까지 발행한 『수학탐정 매키와 누팡의 대결』을 5권 완간으로 새롭게 펴낸 책입니다.
- 이 책은 '꿈수영(꿈꾸는 수학영재)' 시리즈의 다섯 번째 책입니다. 꿈수영 시리즈는 초등수학을 공부하는 데 유익한 수학동화 시리즈입니다. 대치동에서 수학동화 읽기와 탐구노트 쓰기로 입소문 난 매쓰몽의 교육 노하우로 만든 책들로 구성했습니다.
- 수학동화를 이용한 수학수업과 수학탐구노트 쓰기와 관련된 더 많은 자료는 네이버 매쓰몽 카페(http://cafe.naver.com/brenos)와 블로그(http://blog.naver.com/tndhkqnr86)를 참고하시기 바랍니다.

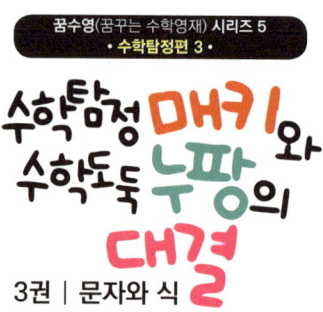

초판 1쇄 찍은날·2023년 5월 1일
초판 1쇄 펴낸날·2023년 5월 8일
펴낸이·박정희 | 펴낸곳·수와북 | 출판등록·제2013-000156호
주소·서울특별시 강남구 선릉로 120, 3층
전화·02-6731-1743 | 팩스·031-911-7931
이메일·pjh0812@naver.com

ISBN 979-11-92633-64-0 (73410)

- 책값은 표지 뒤쪽에 있습니다.
- 파본은 구입하신 서점에서 교환해 드립니다.

머리말

'꿈수영' 시리즈 다섯 번째 책을 펴내며

'어떻게 하면 수학을 재미있게 공부할 수 있을까?'

많은 친구들이 수학은 재미없고 어렵지만 중요한 과목이라서 억지로 공부한다고 말합니다. 숫자만 가득한 식을 계산하라고 하면 수학이 싫어지겠죠? 하지만 수학은 재미없고 어려운 과목이 아니랍니다.

오랫동안 수학을 가르치면서, 어떻게 하면 수학을 재미있게 공부할 수 있을지 고민했답니다. 그러다 수학동화를 읽으면 어렵게 느껴지는 수학이 재미있어지고, 탐구노트를 쓰면 수학적 사고력과 창의력을 기를 수 있음을 알게 되었죠.

그래서 2010년 대치동에서 브레노스(지금의 매쓰몽)라는 학원을 개원하고 초등학생들과 함께 수학동화를 읽고 토론하며, 그 주제를 확장시켜 탐구노트를 쓰면서 수학을 재미있게 공부했답니다. 실제로 이렇게 수학동화를 읽고 탐구노트를 쓰며 수학적 사고력과 창의력을 키운 덕분에 전국경시대회에서 대상을 받는 친구들도 있고, 대학부설 및 교육청 영재교육원에도 많은 친구들이 합격했어요. 특히 사고력 문제와 서술형 시험에서 뛰어난 성과를 거두었죠.

한 달에 두 권 정도의 수학동화를 읽고 탐구노트를 쓰는 것만으로도 수학 공부를 충분히 할 수 있다는 것을 경험한 우리는, '꿈수영(꿈꾸는 수학영재)' 시리즈를 기획하게 되었습니다. 꿈수영 시리즈는 초등수학 교과과정을 재미있게 공부할 수 있도록 만든 수학동화 시리즈입니다. 초등수학의 교과과정은 '수와 연산', '도형', '측정', '규칙성', '자료와 가능성'으로 영역이 나뉩니다. 그런데 수학을 진짜 잘하기 위해서는 이 영역 외에도 읽어야 할 책들이 있답니다. 바로 '사고력'과 관련된 책들입니다.

'꿈수영(꿈꾸는 수학영재)' 시리즈의 다섯 번째 책인 『수학탐정 매키와 수학도둑 누팡의 대결-3권-문자와 식』은, 수학탐정 매키와 수학도둑 누팡이 대결하는 이야기를 통해 문제가 어떤 답을 요구하는지, 그리고 문제에 어떻게 접근해야 하는지를 알려줌으로써 스스로 수학 문제를 해결하는 능력을 기르도록 했습니다. 어린이들이 좋아하는 탐정 이야기를 통해 수학 문제를 스스로 생각해 나가면서 깨칠 수 있도록 만든 책입니다. 기계적으로 외우기만 하거나 같은 문제를 반복하여 푸는 수학 공부법보다는 스스로 생각하면서 수학 문제를 정복해 보는 훈련이 수학 실력 향상에 큰 도움이 될 것입니다. 이 책이 여러분에게 좋은 친구가 되어 주기를 바랍니다.

수학탐정 시리즈를 펴내며

수학은 계산이 아니라 논리입니다. 논리적으로 생각하는 것이 수학을 잘하는 방법이지요. 계산만 반복하면 수학자가 아니라 계산도사가 될 수 있습니다. 계산도사들은 논리를 요구하는 수많은 문장형 문제를 접하게 되면 어려움을 느낄 수 있습니다. 이러한 문장형 문제를 마주치면 논리적으로 생각해 문제를 푸는 순서를 만들어야 합니다.

이 시리즈는 수학 논리가 뛰어난 매키라는 소년과 수학도둑 누팡의 대결을 통해 수학 논리를 키우는 방법을 재미있게 소개하고 있습니다. 많은 어린이들이 탐정 이야기를 좋아합니다. 저 역시 어린 시절에 괴도 루팡, 셜록 홈즈와 같은 책을 많이 읽었습니다.

초등학교의 수학 과정은 다음과 같이 다섯 개의 영역으로 분류됩니다.

1. 수와 연산
2. 도형
3. 문자와 식
4. 규칙성과 함수
5. 경우의 수와 통계

따라서 이 시리즈 역시 전체 다섯 권을 통해 초등 수학의 전 영역에서 다루는 사고력 문제를 다루고 있습니다. 기계적으로 외우기만 하거나 같은 문제를 반복해서 푸는 수학 공부보다는 스스로 생각하면서 수학 문제를 정복해 보는 훈련이 수학 실력 향상에 도움이 됩니다. 그런 이유로 어린이들이 좋아하는 탐정 이야기를 통해 수학 문제를 아이들이 스스로 익힐 수 있도록 이 책을 집필했습니다.

매키와 함께 사건을 해결하다 보면 논리력과 사고력을 키우게 되고 문제해결 능력을 키울 수 있을 것입니다. 아울러 중고

등학교에 진학했을 때 맞닥뜨릴 수 있는 논리를 요구하는 수학 문제에도 대비할 수 있습니다.

 이 책을 내는 데 도움을 주신 수와북 출판사 여러분에게 감사의 마음을 전합니다.

국립 경상대학교 물리학과 교수 정완상

등장인물

* 매키

IQ 160의 소유자로 초등학교에 다니는 수학천재 소년이다. 미소를 잘 짓고, 눈이 나빠 커다란 안경을 쓰고 다니며, 누가 봐도 모범생으로 보이는 소년이다. 항상 명랑한 편이며, 숫자를 한 번 보고도 외우는 능력이 있고, 로고스 시의 대학생과 견줄 정도로 수학 실력이 뛰어나다. 의협심이 강하고 호기심이 왕성하며, 뭐든지 겁 없이 도전하는 성격이다. 학교생활도 모범적이고, 친구들의 일을 자신의 일처럼 생각해 잘 해결해 주며, 용감한 성격으로 주저브 경감을 도와서 누팡과 맞선다.

* 누팡

그가 왜 로고스 시에 왔는지 그가 왜 도둑질을 하는지에 대해서는 알려진 바가 없다. 하지만 그는 자신을 추종하는 몇 명의 부하와 함께 로고스 시에 은신하면서 수학을 이용해 도둑질을 일삼는다. 하지만 사람은 해치지 않으며, 어떨 때는 자신의 수학 실력을 뽐내기 위해 사건을 일으키기도 한다. 누팡은 과거에 수학 논문을 표절하여 학계에서 추방당한 젊은 수학자로 알려져 있다. 역삼각형 모양의 예리해 보이는 얼굴로 항상 선글라스를 쓰고 다니며 변장을 잘하는 것으로 알려져 있다. 20대의 나이로 알려져 있다.

*주저브 경감

로고스 시에서 조그만 경찰서를 지키면서 사건을 해결하는 혼자 사는 50대의 남자이다. 약간 보수적이고 수학 실력은 형편없는 편이어서, 매키가 없을 때는 누팡의 수학 속임수에 자주 당한다. 낮잠을 자주 자고, 똥배가 조금 나와서 민첩성은 없고 조금은 엄한 편이지만 매키와는 다정한 친구처럼 사이가 좋다.

*포터 형사

주저브 경감의 부하 직원으로 매키의 도움을 받아 주저브 경감과 함께 사건을 해결하곤 한다. 엄청나게 성실해서 주저브 경감이 낮잠을 잘 때도 증거를 수집하러 다니는 모습을 종종 볼 수 있다.

차례

머리말 ☆ '꿈수영' 시리즈 다섯 번째 책을 펴내며 • 04

지은이의 말 ☆ 수학탐정 시리즈를 펴내며 • 07

등장인물 ☆ 10

 1장 사라진 노란 다이아몬드 – **무게 비교** • 14
수학특강 | 각각의 무게 구하기 • 26

 2장 단지 폭탄을 막아라 – **거꾸로 풀기** • 28
수학특강 | 거꾸로 문제를 푸는 방법 • 35

 **3장** 다섯 개의 보석 – **표 만들어 풀기** • 38
수학특강 | 표 만들기 • 50

 4장 금고의 암호 – **복잡한 계산** • 52
수학특강 | 동전 뒷면의 수 맞히기 • 65

 5장 누팡! '쓰레기 줍기'를 훔치다 – **혼합계산** • 68
수학특강 | 모래시계 이용하기 • 82

6장 폭약 전시관 – **순서를 세워 해결하기** • 84
수학특강 | 순서를 정해 문제 풀기 • 96

7장 럭셔리 워치 도난 사건 **-늦게 가는 시계** · 98
수학특강 | 느리게 가는 시계 · 108

8장 신제품 도둑을 찾아라! **-공통점이 있는 문제** · 110
수학특강 | 공통된 부분을 빼는 법 · 123

9장 생선 도둑은 누구? **-연립방정식1** · 126
수학특강 | 감점이 있는 시험문제 · 137

10장 그랜드 도넛 사건 **-대칭 문제** · 140
수학특강 | 이웃한 두 바닥의 쪽수 · 152

11장 공사판의 영수증 **-연립방정식2** · 154
수학특강 | 미지수가 두 개인 일차 방정식 · 163

12장 페리앙 성의 종을 울려라 **-간격의 문제** · 168
수학특강 | 거리의 간격 · 175

13장 요리법노트 도난 사건 **-추를 사용해 무게 재기** · 178
수학특강 | 무게 재기 · 190

부록 탐구노트 쓰기 · 192

사라진 노란 다이아몬드
-무게 비교

주저브 경감은 점심을 먹고 나른한 오후가 되자 책상에 엎드려 꾸벅꾸벅 졸고 있었다. 그때 포터 형사가 허겁지겁 들어오며 소리쳤다.

"경감님! 큰일 났습니다. 주얼리 씨의 집에 도둑이 들어서 200캐럿짜리 노란 다이아몬드가 사라졌다고 합니다."

주저브 경감은 포터 경찰의 말에 깜짝 놀라 잠이 확 달아났다.

"뭐라고? 노란 다이아몬드? 200캐럿?"

"네."

"노란 다이아몬드라면 희귀하기로 유명한 보석 아니야? 와, 200캐럿이라면 도대체 얼마야?"

"경감님!"

"으흠. 아무튼 일단 현장으로 출동해야겠군!"

주저브 경감은 세계에서 손꼽히는 부자인 주얼리 씨의 저택으로 달려갔다. 애지중지하던 보석을 잃은 주얼리 씨는 충격에 휩싸여 앓아누워 있었다.

"주얼리 씨! 보석이 언제 없어졌다는 걸 알았습니까?"

"어제 파티가 끝나고 집에 들어와 상자를 열어 보았는데, 내 다이아몬드가 감쪽같이 없어졌어요. 분명 파티 때 사람들에게 보여 준 다음 상자 안에 넣고 열쇠로 잠가 놓았는데……. 게다가 도난 방지를 위해 8개의 가짜 다이아몬드를 섞어 놓았는데……. 내 노란 다이아몬드! 자그마치 200캐럿이오! 꼭 찾아 주시오! 세상에 하나밖에 없는 보석이란 말이오……."

주얼리 씨는 다시 정신을 잃고 말았다. 자신의 목숨보다 더 아꼈던 보석이 없어졌으니 그럴 만도 했다. 주저브 경감은 혼자 중얼거렸다.

"음. 그렇다면 파티 도중에 없어졌다는 건데……."

얼마 전 주얼리 씨는 200캐럿짜리 노란 다이아몬드를 수소

문 끝에 구입했다. 그는 반짝거리는 다이아몬드를 이리저리 바라보며 흐뭇한 미소를 지었다.

"회장님, 이 다이아몬드는 전 세계에서 하나밖에 없는 진귀한 보석입니다."

"하나뿐인 보석?"

세상에 하나밖에 없다면 희소성이 높아 가치가 높을 수밖에 없다. 주얼리 씨는 보석상 주인의 말에 솔깃하여 엄청난 돈을 주고 노란 다이아몬드를 구입했다. 이를 알게 된 주변 사람들이 한 번만이라도 노란 다이아몬드를 보여 달라고 조르기 시작했다.

"주얼리 씨! 제발 한 번만 보여 주세요. 세상에서 하나뿐인 보석 좀 봅시다."

"회장님! 한 번만 보여 주세요."

노란 다이아몬드를 혼자 보기에도 아까웠던 주얼리 씨는 절대로 보여 주지 않았다.

"여보! 한 번만 보여 줍시다. 본다고 해서 보석이 닳는 것도 아니잖아요."

"닳아! 보기만 해도 닳는다고! 흥!"

하지만 결국 아내의 설득으로 다이아몬드를 공개하는 파티를 열기로 했다. 파티에 초대된 사람들은 대부분 상류층의 사람들로 귀족들이 대부분이었다. 파티를 즐기고 있던 사람들은 주얼리 씨가 황금 상자를 들고 정원으로 나오자 순식간에 그를 에워쌌다.

"어머나! 드디어 말로만 듣던 노란 다이아몬드를 보는 거야?"

"200캐럿이래! 100캐럿도 아니고 200캐럿! 정말 대단한 갑부야!"

주얼리 씨는 아주 조심스럽게 황금 상자를 테이블에 올려놓았다.

"지금부터 저의 200캐럿짜리 노란 다이아몬드를 여러분께 공개하도록 하겠습니다. 절대 만져서는 안 됩니다. 눈으로만 보십시오. 에헴."

온갖 생색을 내고 나서야 상자의 뚜껑을 열었다.

"어라?"

"엥?"

사람들은 고개를 갸우뚱했다. 상자 속에는 9개의 노란 다이아몬드가 있었기 때문이다.

"저게 그 200캐럿 노란 다이아몬드? 근데 9개씩이나?"

"하나뿐인 보석이라고 들었는데……."

웅성거리는 사람들을 향해 주얼리 씨가 입을 열었다.

"여러분, 다들 조용히 해주십시오. 여기 9개의 노란 다이아몬드 중 진짜는 하나입니다. 나머지 8개는 가짜 다이아몬드라는 거죠. 하지만 진짜와 가짜는 눈으로 보아서는 구별할 수 없습니다. 하지만 진짜 다이아몬드는 가짜보다 무겁습니다. 진짜 다이아몬드는 바로 이것입니다."

주얼리 씨는 9개의 노란 다이아몬드 중에서 하나를 들어 올렸다. 말로만 듣던 희귀한 보석을 직접 보게 된 사람들은 모두 할 말을 잃었다. 가히 놀라운 광채였다. 사람들은 꿈을 꾸듯 멍한 표정을 지었다. 주얼리 씨는 어깨를 으쓱하며 보석을 몇 초 동안 들었다가 다시 상자에 넣고 테이블 위에 올려놓았다.

"조금만 더 보여 주세요."

그런데 그 순간 갑자기 정전이 되었다.

"어라? 이게 뭐야? 웬 정전?"

파티장은 암흑같이 어두워졌고 10초 뒤 다시 불이 켜졌다.

사람들은 불이 켜지자 주얼리 씨가 너무 짧은 시간 동안 보석을 보여 준 것에 대해 불만을 토로했다. 하지만 주얼리 씨는 아무런 대꾸도 하지 않고 상자를 들고 집 안으로 들어갔다.

"경감님, 이것이 그 파티가 있었던 날의 이야기입니다."
포터 형사는 주저브 경감에게 사건이 일어났던 날의 이야기를 들려주었다. 주저브 경감은 고개를 끄덕이며 황금 상자를 열어 보았다. 범인은 용하게도 진짜 노란 다이아몬드만 훔쳐 갔다.
'대단한 놈이 틀림없어……. 나라면 그 짧은 시간에 진품을 고르기 힘들어서 9개를 모두 가져갔을 텐데……. 진짜만 골라서 가져가다니……. 범상치 않아. 음……. 누굴까? 도통 모르겠다.'
주저브 경감과 포터 형사는 머리를 맞대고 한참을 고민했다.
"경감님! 매키한테 물어보는 건 어떨까요?"
"매키? 아니야! 나의 육감에 의하면 범인은 주얼리 씨의 아내야!"
"네?"
포터 형사는 주저브 경감의 어이없는 추리에 한숨만 쉬었다.

"다이아몬드를 공개하는 파티를 열자고 한 건 주얼리 씨의 아내잖아? 그러니까 그녀가 범인이야!"

포터 형사는 몰래 매키에게 전화를 했다.

"여보세요? 매키! 지금 어디니?"

"이제 막 학교 수업이 끝났어요. 무슨 일 있어요?"

"그래. 보석 도난 사건이 발생했다. 여기는 주얼리 씨 저택이다. 알겠지? 빨리 좀 와야겠다."

"네."

매키가 도착할 때까지 주저브 경감은 혼자서 말도 안 되는 추리를 하며 중얼거렸다. 포터 형사는 매키에게 빠르게 사건을 설명했다. 말없이 생각에 빠진 매키는 포터 형사에게 다이아몬드 파티의 방명록을 보여 달라고 했다. 매키는 두꺼운 방명록을 하나씩 유심히 살펴보았다.

"몽블라? 향수……."

"몽블라 씨는 향수 제조 회사로 유명한 '퍼퓸 드 앙쥬'의 회장으로 귀족 출신이지."

포터 형사는 매키에게 또박또박 설명했다.

"이 사람은 지금 해외에 있지 않아요? 며칠 전 뉴스에서 향수 박람회 인터뷰를 본 거 같은데?"

"그래! 몽블라 씨는 지금 뉴욕에 출장 중이신데……."

"그렇다면 해외에 있는 몽블라 씨가 파티에 참석했을 리는 없고……. 역시!"

매키는 무릎을 탁 치며 자리에서 일어났다.

"범인은 누팡이에요. 사람들이 몽블라 씨라고 착각할 정도로 완벽한 변장을 할 수 있는 사람은 누팡 말고는 없어요. 그리고 그는 항상 양팔 저울을 가지고 다니니까 범인은 누팡일 거예요!"

주저브 경감은 고개를 갸웃거렸다.

"매키! 하지만 정전이 된 시간은 10초도 안 되는데, 어떻게 짧은 시간에 진짜 노란 다이아몬드를 골라낼 수 있지? 아무리 누팡이라고 해도 그건 불가능하지! 으흠. 분명 주얼리 씨의 아내가……."

"아니에요! 9개 중 무게가 다른 하나는 양팔 저울을 두 번만 이용하면 찾아낼 수 있어요. 그러니까 시간이 오래 걸리지는 않아요. 이 정도로 수학을 잘 아는 사람이 범인이라면 누팡의 짓이 틀림없어요."

주저브 경감과 포터 형사는 매키의 말을 듣고 도저히 이해할 수 없다는 표정을 지었다.

매키의 말대로 양팔 저울을 두 번만 이용해서 진짜 다이아몬드를 찾아낼 수 있을까?

수학으로 범인 찾기

어떻게 양팔 저울을 두 번만 이용해서 아홉 개의 다이아몬드 중 무게가 다른 하나를 찾아낼 수 있다는 거지?

간단해요. 우선 다이아몬드 6개 중에서 아무렇게나 택해 세 개씩 저울의 양쪽에 올려놓아요. 이때 저울이 한쪽으로 기울면 그쪽에 무거운 다이아몬드가 있을 거예요. 진짜 다이아몬드가 가짜보다 무겁다고 했으니까요.

그럼 그 세 개 중 두 개를 골라 다시 저울에 달아 보는 거예요.

이때 저울이 한쪽으로 기울면 그게 바로 진짜 다이아몬드예요. 그리고 만일 저울이 수평을 이루면 남아 있는 하나가 진짜 다이아몬드지요.

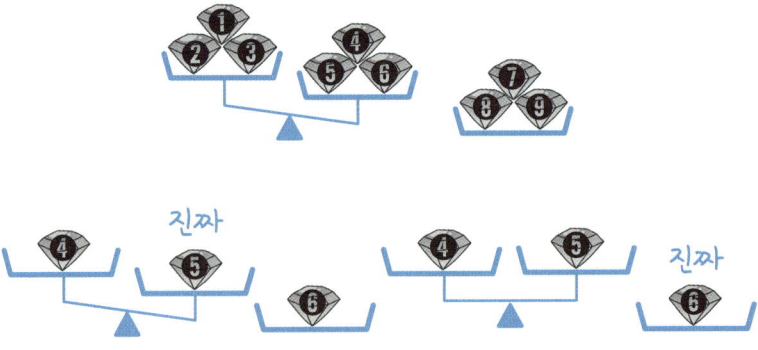

🧑‍🦳 처음에 세 개씩 올려놓을 때 수평을 이루면 어떻게 되지?

🧑 그럼 올려놓지 않은 세 개의 다이아몬드 중 하나가 진짜 다이아몬드예요. 그러니까 나머지 세 개 중 두 개를 골라 저울에 올려놓아 저울이 한쪽으로 기울면 그게 바로 진짜 다이아몬드이고, 만일 저울이 수평을 이루면 남아 있는 하나가 진짜 다이아몬드지요.

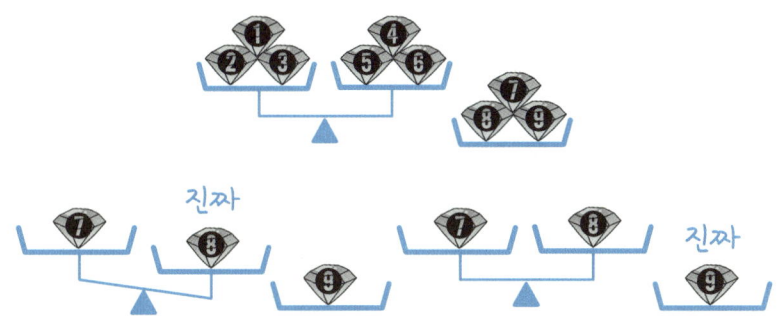

🧑‍🦳 정말 저울을 두 번만 사용해도 되는군.

🧑 맞아요. 그러니까 10초면 훔치기에 충분한 시간이지요.

각각의 무게 구하기

무게와 관련된 문제를 풀어 보죠. 무게가 같은 구슬 4개가 들어 있는 상자의 무게가 116g이고, 빈 상자의 무게가 28g일 때 구슬 하나의 무게는 얼마일까요?

이런 문제를 풀 때는 먼저 상자의 무게를 뺀 구슬 4개의 무게를 먼저 구해야 합니다. 구슬 4개의 무게는 구슬이 들어 있는 상자의 무게에서 빈 상자의 무게를 빼면 됩니다.

$$116-28=88(g)$$

그러므로 구슬 하나의 무게는 88÷4=22(g)이 됩니다. 어때요? 간단하죠? 그럼 다른 문제도 풀어 볼까요?

주스가 주스 병에 가득 들어 있을 때의 무게가 3.28kg이고, 주스를 $\frac{1}{3}$ 마셨을 때의 무게가 2.45kg입니다. 이때 빈 주스 병의 무게를 구해 볼까요?

병의 무게를 A라고 하고 주스의 무게를 B라고 합시다.

주스와 병의 무게의 합의 3.28kg이므로 다음과 같이 됩니다.

$$A+B=3.28 \cdots (1)$$

주스를 $\frac{1}{3}$ 마시면 남은 주스의 양은 $\frac{2}{3}B$가 됩니다. 그러면 다음과 같이 됩니다.

$$A+\frac{2}{3}B=2.45 \cdots (2)$$

(1)식에서 (2)식을 빼면 $\frac{1}{3}B=3.28-2.45=0.83$이므로 B=2.49(kg)가 됩니다.

그러므로 병의 무게는 A+2.49=3.28이므로 0.79(kg)가 됩니다. 이렇게 병의 무게와 주스의 무게를 각각 생각하면 문제를 쉽게 풀 수 있답니다.

2장

단지 폭탄을 막아라

-거꾸로 풀기

"경감님!"

포터 형사는 주저브 경감이 잠든 줄 알고 흔들어 깨웠다.

"무슨 일인가?"

"어? 안 주무셨네요. 요즘 누팡이 너무 잠잠한 거 같지 않아요? 뭐, 덕분에 한가하긴 하지만요."

"글쎄……. 잠잠할수록 더 불안하지 않나? 또 무슨 일을 꾸미고 있는지 도통 알 수가 없잖아."

"별일이야 있겠습니까? 하하하."

"자네는 만사가 태평하구만……."

"저는 동네를 순찰하고 오겠습니다."

포터 형사는 자리에서 일어나 경찰서를 나왔다. 이른 봄이

긴 하지만 아직은 날씨가 제법 쌀쌀했다.

그리고 몇 분 후, 주저브 경감에게 소포가 배달되었다. 주저브 경감은 조심스럽게 소포의 포장지를 뜯었다. 그러자 조그만 상자가 들어 있었다.

"이게 뭐지?"

주저브 경감은 조심스럽게 상자를 열었다. 상자 안에는 A, B, C라는 제목이 쓰여 있는 세 개의 단지와 시계 그리고 편지가 있었다. 시계는 좀 전까지는 움직이지 않다가 상자를 여는 순간부터 째깍대기 시작했다.

주저브 경감은 조심스럽게 편지를 펼쳐 보았다.

'지금 보낸 시계는 시한폭탄이다. 상자의 뚜껑을 여는 순간부터 작동되지. A에서 B의 수만큼 B로 옮기고, B에서 C의 수만큼 C로 옮기고, C에서 A의 수만큼 A로 옮긴 결과 각 단지에는 16개의 구슬이 있다. 이 단지의 구슬의 수를 처음 상태로 만들어라. 5분 안에 해결하지 못하면 폭탄이 터질 것이다. 포기하려면 상자를 놔두고 도망쳐라. 그럼 사무실만 날아갈 테니

까.' -누팡

"안 돼!"

주저브 경감은 온몸에 소름이 돋았다. 자신의 정든 사무실이 날아갈 생각을 하니 끔찍했기 때문이었다.

"경감님."

그때 매키와 포터 형사가 함께 사무실로 들어왔다.

하지만 주저브 경감은 시계를 바라보느라 정신이 없었다. 이제 남은 시간은 3분 50초. 뭔가 이상한 낌새를 알아차린 매키는 얼음처럼 굳어 있는 주저브 경감의 손에 들려 있는 편지를 읽기 시작했다.

시간은 점점 흘러 이제 남은 시간은 1분.

"매키, 포터, 그냥 사무실을 떠나자!"

정신을 차린 주저브 경감이 시계를 보면서 소리쳤다. 하지만 매키는 세 단지 안에 들어 있는 구슬을 만지작거렸다.

"걱정하지 마세요! 이건 간단한 암호예요."

매키는 소리쳤다. 그리고 매키가 세 단지의 구슬을 다시 배치하자, 시계의 째깍거리는 소리가 멈췄다. 시한폭탄이 멈춘 것이었다.

매키는 누팡의 암호를 어떻게 풀었을까? 그리고 각 단지에 원래 들어 있던 구슬의 개수는 몇 개일까?

수학으로 범인 찾기

 어떻게 원래 들어 있던 구슬의 개수를 금방 알아낸 거지?

 거꾸로 풀었어요.

 그게 무슨 말이지?

 마지막 상태에 각 단지에 있는 구슬의 수는 다음과 같아요.

C에 들어 있는 구슬의 개수는 A에 있던 구슬의 수만큼 C에서 A로 옮겼으므로, 원래 A에 들어 있던 구슬의 개수는 16의 절반인 8개죠. 그러므로 각 단지에 들어 있는 구슬의 개수는 다음과 같아요.

이 상태는 B에서 C에 들어 있던 구슬의 수만큼 C로 옮긴 후가 되니까 원래 C에 들어 있던 구슬의 개수는 지금의 절반이지요. 그러므로 세 단지에 들어 있는 구슬은 다음과 같죠.

이 상태는 A에 들어 있던 구슬의 수만큼 B로 옮긴 후이므로 원래 B에 들어 있던 구슬의 수는 지금 들어 있는 구슬의 절반입니다. 그러므로 처음 세 단지에 구슬이 들어 있던 개수는 다음과 같죠.

 거꾸로 풀어 보니까 문제가 해결되는군.
물론이지요.

거꾸로 문제를 푸는 방법

거꾸로 문제를 푸는 방법은 시간의 순서를 역전시키는 방법이에요. 예를 들어 이틀 전에는 2,000원을 쓰고, 어제는 3,000원을 쓰고, 오늘은 1,500원을 썼더니 2,500원이 남았다고 합시다. 그럼 처음 가지고 있던 돈은 얼마일까요?

답을 구하려면 시간을 거꾸로 흐르게 하면 됩니다. 오늘 가지고 있는 돈은 2,500이죠? 그럼 오늘 1,500원을 쓰기 전에는 2,500+1,500=4,000(원)이 있었죠. 그리고 어제 3,000원을 쓰기 전에는 4,000+3,000=7,000(원)이 있었죠. 그리고 이틀 전에 2,000원을 쓰기 전에는 7,000+2000=9,000(원)이 있었죠. 그러니까 처음 가지고 있던 돈은 9,000원이에요.

이렇게 시간이나 순서의 흐름을 거꾸로 돌려 처음 값을 구할 수 있답니다.

　그런데 이 문제에 미지수(x)를 도입하여 방정식으로 풀 수도 있어요.

　처음 가진 돈을 x라 하면 이틀 전에는 2,000원을 쓰고 남은 돈은 x-2,000이 되고, 어제 3,000원을 쓰고 남은 돈은 x-2,000-3,000=x-5,000이 됩니다. 그리고 오늘 1,500원을 쓰고 남은 돈은 x-5,000-1,500=x-6,500이 되지요. 이것이 오늘 가지고 있는 돈인 2,500원이 되어야 하므로 다음 식이 성립합니다.

$$x-6,500=2,500$$

　여기서 x를 구하기 위해서는 등식의 성질을 이용해야 합니다. 주어진 식의 양변에 6,500을 더하면 다음과 같습니다.

$$x-6,500+6,500=2,500+6,500$$

　이 식에서 등호의 왼쪽의 식은 x에서 6,500을 뺏다가 다시

6,500을 더해 주었으므로 x가 됩니다. 그러므로 이런 답이 나옵니다.

$$x=9,000$$

거꾸로 푸는 문제의 방정식을 세우는 문제는 비슷해요.

다섯 개의 보석

-표 만들어 풀기

'누팡의 능력이 그렇게 대단한가?'

수학을 좋아하는 매틱스 씨는 누팡의 소문을 듣고 그의 능력을 한 번 시험해 보고 싶었다. 그의 하인 세바스찬을 불러 말했다.

"누팡을 만날 수 있을까?"

"그 수학도둑 누팡 말씀이십니까? 평소에는 변장을 하고 다닌다니……. 찾기가 쉽지는 않을 겁니다."

"세바스찬……. 지금부터 내가 하는 말을 잘 들어. 경찰에는 알리지 말고 내가 누팡을 찾고 있다는 소문을 내 주게. 내가 내는 수학 문제를 푼다면 다섯 가지의 보석을 준다고."

"예? 그게 무슨 말씀이신지……."

"누팡의 능력을 시험해 보고 싶어서 그래. 일단 내가 시키는 대로 하게."

"예, 알겠습니다."

세바스찬은 사람들을 시켜 마을 곳곳에 소문을 내게 하였다. 하지만 며칠이 지나도 누팡은 모습을 드러내지 않았다.

그러던 어느 날 유난히 비가 많이 오고 천둥 번개가 치던 날이었다. 매틱스 씨의 저택에 검은 그림자가 들어왔다. 그날따라 일찍 잠이 든 매틱스 씨는 얼굴에 차가운 물방울이 뚝뚝 떨어지는 것을 느끼고 잠에서 깨어났다.

"뭐야……. 차가워. 세바스찬! 벌써 아침인가? 얼마 안 잔 거 같은데……."

"일어나시오."

매틱스 씨를 깨우는 굵은 목소리는 하인 세바스찬의 목소리가 아니었다. 깜짝 놀란 매틱스 씨는 눈을 번쩍 떴다.

"누구야?"

"누팡이라오. 당신이 나를 찾았다고?"

"누……. 누팡?"

매틱스 씨는 침대에서 일어나 불을 켜기 위해 스위치를 찾았다.

"불을 켜지 마시오."

"그, 그럼 작은 스탠드라도 켜야겠소. 너무 어두워서 아무것도 보이지 않소. 당신의 얼굴은 보지 않겠소."

매틱스 씨는 침대 옆에 있는 작은 스탠드를 켰다. 작은 스탠드에서 희미한 불빛이 새어 나왔다. 매틱스 씨는 힐끗 누팡을 훔쳐 보았다. 누팡은 검은 망토와 가면을 쓰고 있었다.

"소문에 의하면 내가 당신을 찾아오면 보석을 준다고 들었소. 사실이겠지?"

누팡의 무겁게 가라앉은 목소리는 밖에 비가 부슬부슬 내려서 그런지 소름이 돋을 정도로 무서웠다.

"사실입니다. 잠깐만 기다려 주십시오. 하인을 한 명 불러도 될까요?"

"안 돼."

"보석함을 가져와야 합니다. 그리고 그 하인은 당신이 온다는 것을 알고 있소. 또 나의 수족과 같은 사람이니 단단히 일러두면 이 사실을 경찰에 절대 말하지 않을 것이오."

"좋소. 그럼 그 한 사람만 부르시오."

"세바스찬!"

잠시 후 세바스찬이 달려왔다.

"주인님, 한밤중에 무슨 일이세요? 막 잠이 들려고 하던 찰나에……."

문을 열고 들어온 세바스찬은 온몸이 시커먼 누팡을 보고 깜짝 놀라 뒤로 넘어졌다.

"누, 누구……?"

"세바스찬! 어서 일어나게! 호들갑 떨지 말고 보석함을 가져오게나."

"그럼……. 누팡?"

"어서!"

"네, 알겠습니다."

세바스찬은 몸을 바들바들 떨며 떨어지지 않는 발걸음을 옮겼다. 그리고 보석함 다섯 개를 가지고 돌아왔다.

"누팡! 이 안에는 서로 다른 다섯 개의 보석이 있소. 다이아몬드, 루비, 사파이어, 자수정, 에메랄드. 당신이 정확히 이 다섯 개의 보석이 든 각각의 상자를 알아맞힌다면 오늘 밤 이 보석을 모두 가져가도 좋소."

"하하. 지금 나를 시험하겠다는 건가?"

"으흠. 그렇소. 일종의 시험이지. 나는 단지 당신의 능력을 보고 싶은 것이오. 하나라도 못 맞힌다면 이 보석은 절대 가져가면 안 되오."

"어리석긴……."

"아무튼 다섯 개의 상자에 대해 하나씩 설명하겠소. 세바스찬!"

"네!"

세바스찬의 몸은 아직도 뻣뻣하게 굳어 있었다. 그는 첫 번째 보석함을 가리키며 말했다.

"1번 상자에는 다이아몬드가 있어요."

세바스찬이 모기만 한 목소리로 간신히 말하자 누팡은 세바스찬을 바라보았다. 움찔한 세바스찬은 두 번째 상자 앞에 서서 또박또박 말했다.

"2번 상자에는 다이아몬드 또는 루비가 있어요."

그리고 차례대로 옮겨 가며 설명했다.

"3번 상자에는 루비 또는 사파이어가 있어요."

"4번 상자에는 루비 또는 사파이어 또는 자수정이 들어 있어요."

"5번 상자에는 에메랄드가 들어 있지 않아요."

세바스찬은 부들부들 떨며 간신히 설명을 마쳤다. 누팡은 세바스찬의 말을 머릿속에 입력하고 있었다. 그때 매틱스 씨가 말했다.

"누팡! 지금까지 세바스찬이 한 말은 모두 거짓이오."

누팡의 눈이 휘둥그레졌다.

시간이 조금 흐른 후 누팡은 상자를 가만히 바라보았다. 그리고 세바스찬이 거짓말을 했다는 것을 알 수 있었다. 이렇게 매틱스 씨와 누팡의 대결이 시작되었다.

"누팡! 모르겠으면 포기하시오. 좀 어려운 문제이니까. 하하하!"

"호호호. 딱 5분이면 됩니다. 기다리시오."

"5분?"

다섯 개의 상자는 매틱스 씨의 침실 테이블에 놓여 있었고, 세바스찬과 매틱스 씨는 누팡을 주의 깊게 지켜보았다. 혹시라도 마술이라도 부리는 게 아닌가 하는 의심의 눈초리로 뚫어져라 바라보았다.

　5분 뒤, 드디어 누팡이 입을 열었다.

　"1번은… 2번은… 3번은… 4번은… 5번은…."

　매틱스 씨와 세바스찬은 입을 다물지 못했다. 누팡이 정답을 술술 말했기 때문이었다.

　"그럼 이제 약속대로 이 보석들은 내가 가져가도 되겠군. 고맙소. 하하하!"

순식간에 누팡은 망토를 휘날리며 보석함들을 가지고 사라졌다. 매틱스 씨는 눈 깜짝할 사이에 눈앞에서 귀중한 보석을 빼앗기자 다리에 힘이 풀렸다.

"내, 내……. 보석……."

"주인님! 괜찮으세요?"

매틱스 씨는 보석을 잃어버린 것보다 누팡의 수학 실력에 감탄할 수밖에 없었다.

'정확히 다 맞히다니!'

"그러게. 왜 그런 내기를 하신 겁니까? 전 아까 누팡을 보고 어찌나 놀랐던지 기절할 뻔했습니다."

"대단해……."

"네?"

"누팡의 수학 실력은 정말 대단하군."

"주인님! 정말 괜찮으신 거예요? 너무 충격을 받으셨나?"

누팡은 어떻게 각 보석함의 보석을 알 수 있었을까?

수학으로 범인 찾기

 누팡은 어떻게 매틱스 씨의 문제를 풀었지?

 그 정도의 조건이라면 각 상자에 어떤 보석이 들었는지 어렵지 않게 알 수 있어요.

 어떻게?

 우선 세바스찬의 말이 모두 거짓이므로 참인 문장으로 바꾸면 다음과 같이 됩니다.

- 1번 상자에는 다이아몬드가 들어 있지 않다.
- 2번 상자에는 다이아몬드와 루비가 들어 있지 않다.
- 3번 상자에는 루비와 사파이어가 들어 있지 않다.
- 4번 상자에는 루비와 사파이어와 자수정이 들어 있지 않다.
- 5번 상자에는 에메랄드가 들어 있다.

이제 각 상자에 들어 있는 보석은 ○로 들어 있지 않은 보석은 ×로 나타내서 표를 만들어 보죠.

	1번	2번	3번	4번	5번
다이아몬드	×	×			
루비		×	×	×	
사파이어			×	×	
자수정				×	
에메랄드					○

표가 미완성이잖아?

 이 정도면 충분해요. 우선 5번 상자에는 에메랄드가 들어 있어요. 다음으로 루비의 경우를 보죠. 루비는 1번 또는 5번에 들어 있는데, 5번에 에메랄드가 들어 있으므로 루비는 1번에 있어야 해요. 그 다음으로 사파이어는 1, 2, 5번에 있을 수 있는데 1, 5번은 안 되므로 사파이어는 2번에 있어야 해요. 이제 1, 2, 5번에 무엇이 들어 있는지 알았죠?

그럼 이제 3번과 4번만 남았군.

자수정은 1, 2, 3, 5번에 있을 수 있으므로 자수정은 3번에 있어요. 그리고 마지막으로 다이아몬드는 4번에 있게 되지요.

누팡! 대단한 수학 실력이군!

표 만들기

다른 문제를 더 풀어 보죠. 1g · 5g · 10g · 50g의 추가 각각 한 개씩 있습니다. 이 추들을 이용하여 잴 수 있는 무게의 종류는 몇 가지일까요?

이 문제도 역시 표를 이용하면 쉬워요. 각각의 추를 한 개만 사용했을 때, 2개 사용했을 때, 3개 사용했을 때, 4개 모두 사용했을 때 나오는 무게를 표로 만들어 보죠.

50g	○	○	○	○	×	○	○	○	×	×	×	○	×	×	×
10g	○	○	○	×	○	○	×	×	○	○	×	×	○	×	×
5g	○	○	×	○	○	×	○	×	○	×	○	×	×	○	×
1g	○	×	○	○	○	×	×	○	×	○	○	×	×	×	○
합계	66	65	61	56	16	60	55	51	15	11	6	50	10	5	1

　　　4개　　　　3개　　　　　　　2개　　　　　　1개

모두 열다섯 가지의 무게를 잴 수 있군요.

표를 이용해 푸는 또 다른 문제를 살펴봅시다.

꼬미와 뚜미가 어떤 책을 읽는데 오늘까지 꼬미는 80쪽을 읽었고, 뚜미는 50쪽을 읽었습니다. 내일부터 꼬미는 하루에 5쪽씩, 뚜미는 하루에 15쪽씩 읽는다면 며칠 후에 두 사람이 책을 읽는 쪽수가 같아질까요?

꼬미는 80쪽부터, 뚜미는 50쪽부터 시작해서 다음과 같이 표를 만들면 됩니다.

	오늘까지	1일 후	2일 후	3일 후
꼬미	80	85	95	95
뚜미	50	65	80	95

두 사람이 같은 쪽을 읽게 되는 것은 3일 후라는 것이 보이지요? 이렇게 표를 만들면 문제를 쉽게 풀 수 있습니다.

금고의 암호
-복잡한 계산

"여기는 스미스 씨의 저택입니다. 금고가 털린 것 같아요!"

주저브 경감은 전화를 받자마자 포터 형사와 함께 스미스 씨의 저택으로 출동했다. 스미스 씨는 최고의 부자로 손꼽히는 사람이었다. 그의 집은 그야말로 으리으리한 저택으로 대문에서 현관까지 자동차를 타고도 10분 정도를 달려야 도착할 정도로 컸다.

"스미스 씨의 금고가 털리다니……."

"그러게요. 자신의 금고가 은행보다도 더 안전하다고, 전 재산을 금고에 넣었다고 하던데……. 그 금고의 암호를 누가 풀었을까요?"

"누구긴. 그런 암호를 풀 사람이 한 사람밖에 더 있나?"

"누구요? 음……. 매키하고…… 누팡이요?"

"아이고. 포터, 지금 나랑 농담이라도 하자는 건가? 범인은 누팡이야!"

두 사람은 현관 앞에 차를 세우고 저택 안으로 들어갔다.

"이야! 궁궐이 따로 없네……."

포터 형사는 스미스 씨의 저택을 보며 입을 다물지 못했다. 그때 스미스 씨가 잔뜩 구겨진 얼굴로 주저브 경감에게 다가왔다.

"주저브 경감, 내 금고가 털린 것 같아요. 어젯밤만 해도 괜찮았는데……."

스미스 씨는 한숨을 여러 번 쉬며 말했다.

"털린 것 같다는 게 무슨 말이죠? 금고문은 닫혀 있는데요?"

주저브 경감이 의아한 듯 물었다.

"금고에 적힌 글씨를 봐요."

스미스 씨가 금고를 여는 다이얼의 아래쪽을 가리켰다.

'돈과 보석은 내가 가져간다. 좋은 일에 사용할 것이다!'
-누팡

주저브 경감과 포터 형사는 누팡이 남긴 글씨를 보며 한숨을 길게 내쉬었다.
"경감님! 이번 사건의 범인을 찾았어요! 바로 누팡입니다!"
"이보게, 당연한 이야기를 뭐 그리 심각하게 말하나?"
"왠지 멋있잖아요. 하하하!"
"아이고."
주저브 경감은 스미스 씨 부부와 마주 앉았다.
"아무런 인기척도 없었나요? 금고가 침실에 있었는데 범인이 들어온 것도 모르고 주무셨습니까?"
스미스 부인은 나지막한 목소리로 말했다.
"제가 굉장히 예민한 편이라 자다가 부스럭거리는 소리만 들어도 잠에서 깨는데, 어젯밤에는 아무런 소리도 듣지 못했어요. 도둑이 든 줄은 꿈에도 몰랐어요. 금고 안에는 보석들이 가득한데……. 흑흑."
스미스 씨는 어깨를 다독거리며 아내를 달랬다.

"주저브 경감! 꼭 좀 해결해 주세요. 우리 저택에는 수십 개의 CCTV가 설치되어 있어요. 자, 여기 녹화 테이프예요."

주저브 경감은 테이프를 받아 들고는 곧 재생시켰다. 무언가 검은 물체가 빠르게 움직이며 스미스 씨의 집 안으로 들어왔다.

"잠깐, 일시 정지!"

주저브 경감이 포터 형사에게 소리쳤다. 포터 형사는 화면을 일시 정지시켰다.

"검은 그림자……. 역시……."

스미스 씨는 다급한 얼굴로 주저브 경감을 바라보며 말했다.

"경감! 범인이 누구입니까?"

"누팡이 맞습니다."

"그럼 빨리 잡으러 가야죠!"

"잡아야죠! 그런데 그 녀석은 절대 잡을 수 없습니다. 잡힐 듯 말 듯 사람을 약올리죠."

"휴우……. 그렇다면 저 범인이 우리 금고의 암호는 어떻게 푼 거죠?"

"암호가 어떻게 되어 있었습니까?"

스미스 씨는 서재로 가서 하얀 종이를 가지고 왔다.

"여기 이것이 암호의 힌트입니다. 이것은 최고의 수학자가 저에게 준 것입니다. 그래서 은행보다 더 안전하다고 생각했는데……."

주저브 경감은 설계도를 유심히 살펴보았다.

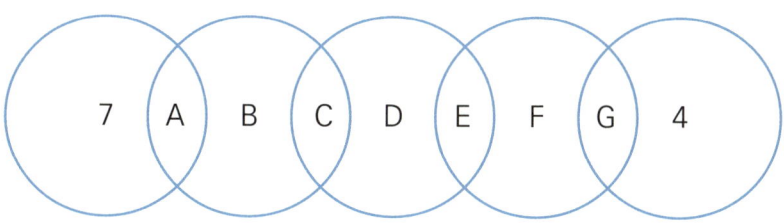

스미스 씨는 설명했다.

"이 문자와 숫자로 쓰인 암호에서 원 안의 수의 합은 13입니다. 다이얼은 A부터 G까지 되어 있고, 1부터 9까지의 수 중 하나입니다. 4와 7은 이미 사용했으므로 그 수는 다시 사용할 수 없고요. 금고를 열 때마다 보이는 숫자가 매번 달라지는 방식이라 안심하고 있었건만……. 만약 쉽게 풀리는 암호라면 정말 곤란하군요."

주저브 경감과 포터 형사는 암호의 힌트를 보면서 열심히 풀어 보려고 했지만 알 수 없었다.

"경감님! 매키가 와야 할 것 같습니다. 도저히 암호가 풀리지 않는데요?"

"매키? 오늘 수학여행을 간다고 했는데……."

"지금 수학여행이 문제입니까? 지금 당장 오라고 전화하겠습니다."

그 시각, 매키가 탄 수학여행 버스가 봉네트에 도착했다.

"매키! 우리 여기서 사진 찍자!"

주디가 편의점에서 아이스크림을 사고는 웃으며 달려왔다.

"사진은 무슨……."

그러면서도 매키는 브이 자를 그리며 활짝 웃었다.

"여러분! 일단 숙소로 올라가서 짐을 풀도록 해요! 다들 피곤할 텐데 지금부터 세 시간 동안 자유시간이에요. 1반은 201호, 2반은 202호……."

선생님의 안내에 따라 아이들은 숙소로 향했고, 매키도 가방을 들고 숙소로 올라갔다. 세 시간 동안 차를 타고 왔더니 무척 피곤했다.

매카는 숙소에 도착하자마자 짐을 풀고 잠깐 눈 좀 붙이려는데, 휴대폰 문자 메시지가 왔다. 포터 형사가 보낸 것이었다.

수학여행 중인데 미안.

매키는 '무슨 일 있어요?'라고 물어보았다. 그러자 포터 형사는 사건에 대해 설명해 주었다. 매키와 포터 형사는 문자 메시지를 주고받았다.

포터: 암호가 안 풀려서 문제야…….
매키: 암호를 사진으로 보내 주세요.

포터 형사가 사진을 보내왔다.

매키는 사진을 보고 몇 분 후 포터 형사에게 전화를 걸었다. 그러고는 자신 있는 목소리로 말했다.

"암호를 알아냈어요?! 이 암호는 어렵지 않게 풀 수 있어요.

그러니 앞으로 돈이나 귀중품은 은행에 맡기시라고 전해 주세요."

누팡과 매키는 과연 어떻게 이 암호를 풀었을까?

 ## 수학으로 범인 찾기

 이 암호는 쉽게 풀리는 암호인가?

 물론이에요. 여기서 핵심은 각 원의 수의 합이 13이라는 거예요.

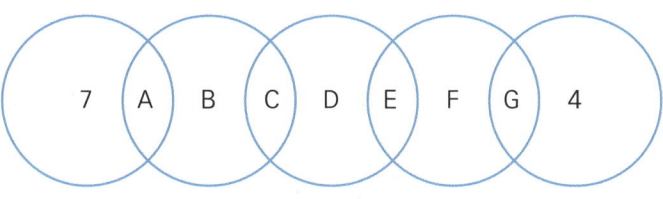

우선 첫 번째 원에서 7+A=13이므로 A=6이에요. 그리고 4+G=13이므로 G=9가 되지요.

 다른 것들은?

 두 번째 원에서 A+B+C=13이죠? 그런데 A=6이므로 B+C=7이 되지요.

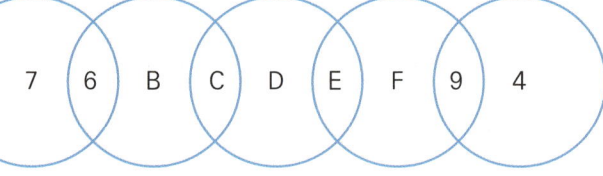

그런데 두 수의 합이 7이 되는 경우는 다음과 같아요.

$$1+6$$
$$2+5$$
$$3+4$$

 그런데 4, 6, 7, 9는 이미 사용했으니까 2+5만 가능하지요. 그러니까 B=2, C=5이거나 B=5, C=2가 되지요.

 아하, 그렇군!

 이번에는 네 번째 원을 보죠. E+F+G=13에서 G=9이므로 E+F=4입니다. 그런데 두 수를 합해서 4가 되는 경우는 1+3 하나밖에 없으므로 E=1, F=3 또는 E=3, F=1이 되지요. 그럼 남은 숫자는 뭐죠?

 가만……. 8이 없군."

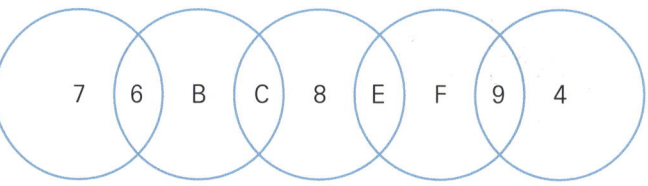

그렇다면 D=8입니다. 그러므로 C+E=5가 되죠. 그런데 앞에서 C가 2 또는 5이고 E가 1 또는 3이라고 했으니, C=2, E=3입니다. 그럼 자연스럽게 B=5가 되고 F=1이 됩니다.

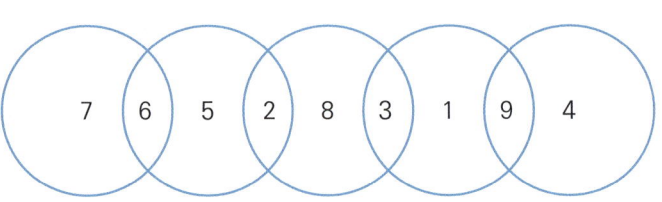

7 6 5 2 8 3 1 9 4

와! 정말 암호가 풀리다니! 너나 누팡이나 대단하군.

함께 풀어 봐요!

동전 뒷면의 수 맞히기

 다음 문제를 보죠. 6, 7, 8이 앞면에 쓰인 동전이 세 개 있다고 하죠. 이 동전의 뒷면에는 1부터 9까지의 자연수 중 6, 7, 8을 제외한 한 자리 숫자가 쓰여 있습니다. 이 동전 세 개를 던져서 나온 수들의 합이 16부터 23까지의 8가지라면 각각의 동전의 뒷면의 수는 어떤 수일까요?

 차근차근 문제를 해결해 보죠. 동전의 앞면에 6, 7, 8이 쓰여 있고, 그것을 제외한 숫자가 동전의 뒷면에 온다고 했으니, 동전의 뒷면에 올 수 있는 수는 1, 2, 3, 4, 5, 9 중 세 수이죠. 그리

고 앞면에 있는 수들의 합은 6+7+8=21입니다.

우선 가장 큰 수가 나오는 경우를 생각해 보겠습니다. 세 수의 합이 23이 되려면 반드시 9가 있어야 합니다. 그런데 23이 나오려면 7의 뒷면에 9가 나와서 6, 9, 8이 되어야 세 수의 합이 23이 됩니다. 그러니까 7의 뒷면은 9일 수밖에 없습니다.

이제 세 수의 합이 20이 되려면 어떻게 해야 할까요? 6이 5로 바뀌면 5+7+8=20이 되지요? 그러므로 6의 뒷면의 수는 5가 되어야 합니다.

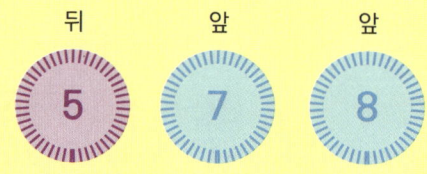

현재까지 나온 수들을 보면, 5, 6, 7, 8, 9죠? 그런데 세 수의 합 중에 가장 작은 수가 16이라고 했으니, 더 작은 수가 8의 뒷면에 있어야 합니다.

여기서 8의 뒷면의 수를 a라고 하면 가장 작은 수가 나오는 경우는 5+a+7=16이 되어야 하므로 a=4가 되지요. 그러므로 8의 뒷면에는 4가 있어야 합니다.

함께 풀어 봐요!

5장

누팡! '쓰레기 줍기'를 훔치다
-혼합계산

천재 도둑 누팡의 범행이 점점 대담해지자 사람들은 불안에 떨고 있었다. 그러자 경찰은 누팡 잡기에 혈안이 되어 있었다.

"누팡……. 이 녀석! 반드시 잡고 말겠어!"

주저브 경감은 오늘도 굳은 다짐을 했다. 포터 형사는 그런 주저브 경감을 보며 중얼거렸다.

"또 결심을 하시는군……. 항상 결심은 하시지만……. 쯧쯧쯧!"

매키는 수업을 마치고 경찰서로 왔다. 다른 아이들은 방과 후에 집으로 가거나 학원으로 가지만 매키는 늘 경찰서로 와서 미해결 사건들을 해결해 주곤 했다.

"매키 왔구나!"

"네, 포터 아저씨, 주저브 아저씨도 안녕하세요!"

주저브 경감은 매키가 왔는지도 모르고 인사도 받지 않은 채 골똘히 생각에 잠겨 있었다.

"경감님은 바쁘셔서 인사 못 받으셔!"

"무슨 일이신데요?"

"누팡 때문이지 뭐……. 누팡의 범죄 횟수가 점점 증가하고 있어. 그러는 바람에 경찰에 비상이 걸렸지!"

포터 형사는 한숨을 쉬며 책상 위에 걸터앉았다.

"아……. 포터 아저씨! 제가 생각을 해 봤는데요! 이러면 어떨까요?"

"좋은 방법이라도 있는 거니?"

"누팡이 범행을 저지르기만 기다리는 것보다 우리가 누팡을 유인하는 건 어떨까요?"

"유인?"

유인하자는 말이 나오자마자 주저브 경감이 얼굴이 환해졌다. 사실 그는 매키의 말에 귀를 쫑긋 세우고 있었다.

"경감님! 언제부터 매키의 말은 엿들으셨어요?"

"뭐? 엿듣긴! 유인 정도는 나도 생각한 거라고!"

"에이~."

포터 형사는 주저브 경감을 놀리기 시작했다. 그러자 주저브 경감은 괜히 화를 내며 말했다.

"포터! 시끄러워! 경찰서가 무슨 자네 놀이터야? 조용히 좀 하게! 아무튼 매키, 계속 이야기해 봐라!"

"누팡이 그림을 좋아한다는 것은 다 아시죠?"

"그렇지! 그 녀석이 훔치는 물건의 반은 미술품이니까!"

"그러니까 누팡이 노릴 만한 그림을 박물관에 전시하는 거예요. 그럼 누팡은 틀림없이 박물관에 오겠죠?"

"하지만 그 녀석이 변장을 해서 올 텐데……. 무슨 수로 잡겠어? 눈앞에서 놓친 적이 한두 번도 아니고……. 게다가 좋은 그림은 대부분 누팡이 훔쳐 갔는데, 그럴 만한 그림이 남아 있을까?"

포터 형사의 말에 주저브 경감도 고개를 끄덕였다. 그러자 매키는 검지손가락을 흔들며 말했다.

"그렇지 않아요. 좋은 그림이 남아 있어요."

"그게 뭐지?"

주저브 경감의 눈이 반짝이기 시작했다.

"말레가 그린 '쓰레기 줍기'예요. 여인들이 길에 수북하게 쌓여 있는 쓰레기를 줍는 모습을 그린 작품이지요."

매키가 자세히 설명했다.

"그거라면 미술 교과서에도 나오는 그림이니 누팡이 충분히 노릴 만하지. 그런데 그게 어느 미술관에 있지?"

"그 그림은 피에조 백작님이 개인적으로 가지고 있어요."

"그럼 소용없잖아?"

"그러니까 피에조 백작님에게 부탁해서 하루만 내리세 미술관에 전시하게 해야죠."

"그건 그렇다 치고, 누팡을 어떻게 잡겠다는 거지?"

"누팡을 붙잡을 장치를 만들면 되죠! '쓰레게 줍기'를 투명한 유리로 만든 방에 전시하고 문에 두 개의 구멍을 만드는 거예요. 왼쪽 구멍에 손을 넣고 정확히 9분 뒤에 오른쪽 구멍에 손을 넣으면 문이 열리는 장치를 만드는 거죠. 그리고 시간이 정확하지 않으면 두 손이 구멍에 갇히고 벨을 울리게 하면 되죠! 또 미술관의 입장객은 어떤 종류의 시계도 가지고 들어가지 못하게 하면 돼요."

"그래! 천하의 누팡이라도 시계 없이 9분을 정확히 맞힐 수는 없을 거야!"

"맞아요. 주저브 아저씨. 그리고 이 내용을 '누팡과의 대결'이라고 신문에 크게 내는 거예요. 시계가 없는 누팡이 그림을 훔치지 못하면 망신을 당할 게 뻔해요. 누팡이 시간을 맞히지 못하고 벨이 울리면, 그때 누팡을 잡으면 됩니다!"

주저브 경감과 포터 형사는 매키의 말에 왠지 이번에는 누팡을 꼭 잡을 수 있을 것만 같다는 생각이 들었다.

"좋았어! 매키! 역시 넌 수학탐정이야!"

"그래, 네 말대로 하면 누팡은 꼭 잡힐 거야! 녀석이 무슨 수로 시계 없이 정확히 9분을 맞힐 수 있겠어?"

주저브 경감은 내리세 미술관에서 말레의 '쓰레기 줍기'를 전시한다는 기사를 신문에 내게 했다. 사람들이 많이 모이는 곳에 홍보 포스터를 만들어 붙이고, 방송과 신문을 통해서도 대대적으로 홍보를 했다. 사람들은 너 나 할 것 없이 그림을 보기 위해 내리세 미술관에 모여들었다. 미술관 앞에는 많은 경찰들이 일반인으로 위장을 하고 누팡을 잡기 위해 입장객을 하나하나 꼼꼼히 살펴보았다.

"말레의 그림을 이 눈으로 직접 보게 되다니!"

"한 번도 공개되지 않은 그림이라던데? 베일에 가려져 있던 거래!"

"교과서에서만 보던 그림을 드디어 보게 되다니! 실제로 이 그림을 본 사람은 극소수래!"

"그런데 누팡이 시계도 없이 그림을 훔칠 수 있을까?"

"또 주저브 경감이 망신을 당하는 게 아닐까?"

한 줄로 길게 늘어선 사람들이 수군거렸다.

미술관 입구에는 미술관 직원으로 위장한 포터 형사와 주저브 경감이 사람들의 소지품을 일일이 검사하면서 시계나 스톱워치 등을 압수했다. 그런데 한 할머니의 핸드백에서 모래시계가 발견되었다.

"잠깐만요!"

주저브 경감은 할머니를 유심히 살펴보았다.

"이게 뭐죠?"

"4분짜리와 7분짜리 모래시계라오."

할머니의 목소리는 감기에 걸렸는지 걸걸했고 힘도 없었다.

"시계를 가지고는 입장할 수 없습니다. 잠깐 압수하겠습니다."

그러자 할머니는 갑자기 눈물을 흘리면서 사정하기 시작했다.

"이건 죽은 제 두 아들의 유품이에요. 두 아들은 말레처럼 위대한 화가가 되려 했지요. 하지만 두 아들은 교통사고를 당했어요. 큰아들은 7분짜리 모래시계를, 작은아들은 4분짜리 모래시계를 남기고 죽었어요. 이건 모래시계가 아니라 제 아들들이에요. 제 아들들이 죽어서라도 말레의 '쓰레기 줍기'를 볼 수 있게 해주세요……."

할머니의 울음소리가 점점 커졌다. 그러자 사람들이 할머니의 모래시계를 빼앗지 말라고 소리쳤다.

"경감님, 어떡하지요?"

"할머니의 사정이 딱하잖아. 그리고 7분짜리와 4분짜리 모래시계로는 9분을 정확하게 맞힐 수는 없잖아. 그냥 들여보내자!"

주저브 경감은 노파의 모래시계를 압수하지 않고 통과시켰다.

내리세 미술관 1층의 넓은 홀 중앙에는 투명한 유리로 만든 정육면체의 방이 있었다. 사람들은 그 방의 주위에 몰려 있었다. 바로 그 방 안에 말레의 '쓰레기 줍기'가 있었기 때문이다. 주저브 경감은 경찰들에게 입장객처럼 변장하고 주위를 철저히 감시하라고 지시했다.

"으악!"

"악!"

갑자기 미술관이 정전되면서 사방이 어두워지자 사람들이 깜짝 놀라서 소리를 지르며 우왕좌왕했다. 주저브 경감은 재빨리 잠복해 있던 경찰들에게 무전기로 지시했다.

"누팡의 짓이야! 유리의 방을 잘 감시하고 미술관의 보조 전원을 사용해 불을 켜도록!"

하지만 온통 칠흑같이 어두워서 경찰들은 한 치 앞도 내다볼 수 없었다. 자신이 어디에 있는지도 알 수 없었고, 수많은 인파에 가로막혀 어디서 무언가를 찾는 건 불가능해 보였다.

15분 정도 지난 후, 전기가 다시 들어오면서 유리의 방이 환해졌다.

"그림이 없어졌다!"

"정말이네!"

유리의 방에 있던 사람들이 놀라서 소리를 쳤다. 1층 구석에서 지시를 하던 주저브 경감과 경찰들이 유리의 방으로 다가갔을 때는 그림이 감쪽같이 사라진 후였다.

"또 당했어! 매키!"

주저브 경감은 바닥에 털썩 주저앉으며 매키를 찾았다.

"경감님, 매키는 이곳에 안 왔는데요……. 오늘 학교에서 중요한 시험을 본다고 해서……."

포터 형사의 말에 주저브 경감은 긴 한숨을 내쉬고 말았다.

얼마 후, 매키가 미술관에 나타났다.

"어떻게 된 거죠?"

"누팡이 그림을 훔쳐 갔어……."

포터 형사가 힘없는 목소리로 말했다.

"시계를 가지고 입장한 사람은 없었죠?"

매키가 물었다.

"사실 어떤 할머니가 7분짜리 모래시계와 4분짜리 모래시계를 들고 입장했어. 네 말대로 시계를 가진 사람은 아무도 입장시키지 않으려 했는데, 할머니 사정이 워낙 딱했거든……. 두 모래시계는 화가를 꿈꾸던 죽은 두 아들이 남긴 유품이라며 사정을 하기에……."

주저브 경감이 떨리는 목소리로 말했다.

"그 할머니가 바로 누팡이에요! 두 모래시계를 이용하면 9분을 정확하게 맞힐 수 있어요!"

"하지만 어둠 속에서 어떻게 모래시계를 볼 수가 있지?"

"누팡은 어둠 속에서도 물체를 볼 수 있는 적외선 안경을 가지고 다닌다는 걸 잊으셨어요?"

"아, 맞다! 우리가 또 당했군……."

매키와 주저브 경감, 포터 형사 세 사람은 '쓰레기 줍기'가 사라진 유리의 방을 멍하게 바라보았다.

과연 누팡은 7분과 4분짜리의 모래시계를 가지고 어떻게 정확히 9분을 맞힐 수 있었을까?

수학으로 범인 찾기

 4분짜리와 7분짜리 모래시계로 어떻게 9분을 정확하게 맞힌 걸까?

 이제 알 것 같아요.

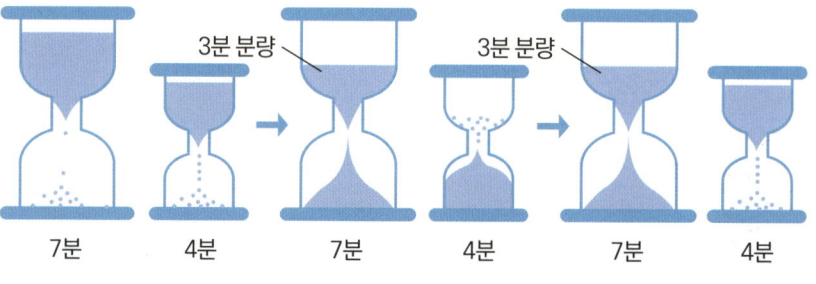

🧑 누팡은 처음에 7분과 4분짜리 모래시계를 동시에 뒤집어 놓고 왼손을 구멍에 넣었어요. 그리고 4분짜리 모래시계가 끝나는 순간 다시 4분짜리 모래시계를 뒤집었어요. 이때까지 왼손은 4분 동안 구멍에 있는 셈이에요.

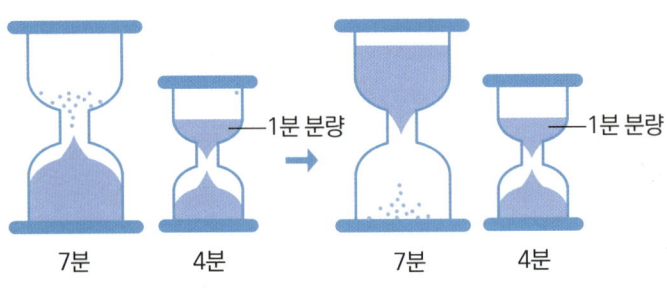

🧑 7분짜리가 끝나는 순간 누팡은 다시 7분짜리 모래시계를 뒤집었어요. 그럼 왼손이 몇 분 동안 구멍에 있는 거죠?

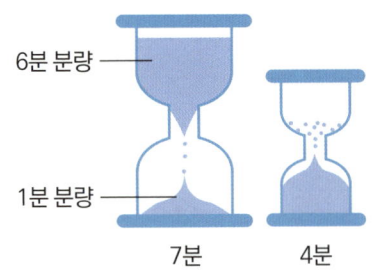

👴 7분.

🧑 맞아요. 이제 1분 후면, 4분짜리 모래시계가 끝나지요? 그때까지 누팡의 왼손은 8분 동안 구멍에 있는 셈이죠. 이때 7

분짜리 모래시계는 1분만큼의 모래만 아래로 떨어졌을 거예요. 즉 위에 남아 있는 모래는 6분 동안 흘러내릴 양이지요.

 나머지 1분은?

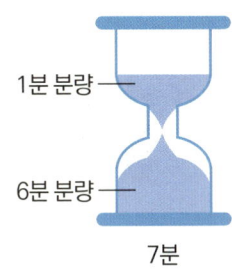

1분 분량
6분 분량
7분

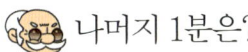 4분짜리 모래시계가 끝나는 순간, 7분짜리 모래시계를 뒤집으면 되지요. 그럼 반대로 위에는 1분 동안 떨어질 모래가 들어 있고 아래에는 6분 동안 떨어질 모래가 있으니까, 위에 있는 모래가 바닥에 모두 떨어지는 순간 오른손을 구멍에 넣으면 정확하게 왼손을 넣은 후 9분 만에 오른손을 넣게 되는 셈이지요.

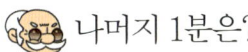 정말 대단한 수학도둑이야.

모래시계 이용하기

모래시계를 이용하는 좀 더 쉬운 문제를 풀어 보죠. 7분을 잴 수 있는 모래시계와 11분을 잴 수 있는 모래시계로 계란을 정확하게 15분 동안 삶을 수 있는 방법을 찾아보죠.

7분짜리 모래시계는 7분이나 14분, 21분처럼 7의 배수의 시간만 잴 수 있고, 11분짜리 모래시계는 11분, 22분, 33분처럼 11의 배수의 시간만 잴 수 있어요. 이 두 시간을 어떻게 더해도 15라는 수는 만들어지지 않잖아요? 보세요.

7+7=14

7+11=18

7+7+7=21

11+11=22

 이 문제에서는 7과 11이라는 수로 15를 만들 수 있는 방법을 찾는 게 중요하죠. 7과 11의 차는 4죠? 4+11은 15이죠? 이것을 식으로 쓰면 다음과 같아요.

(11-7)+11=15

 즉, 다음과 같이 하면 되죠.

1. 두 모래시계를 뒤집어 놓는다.
2. 7분 모래시계가 끝나면 끓는 물에 계란을 넣는다.
3. 11분 모래시계가 끝나면 모래시계를 다시 뒤집어 놓는다.
4. 11분 모래시계가 끝나면 계란을 꺼낸다.

폭약 전시관

-순서를 세워 해결하기

　누팡은 천재 도둑이기는 하지만 전쟁과 폭약을 가장 싫어했다. 그는 한 전시관 앞에서 서성거리고 있었다. 바로 '신비의 폭약 전시회'가 열린다는 소식을 듣고 폭약을 없애기 위해서였다. 이때 전시회에 초대받은 주저브 경감과 포터 형사, 매키는 전시관으로 들어가고 있었다. 매키가 뒤를 돌아보자 순간 누팡처럼 보이는 사람이 눈에 띄었다.

　"어! 저기 누팡인 것 같은데……."

　"뭐라고? 누팡? 어디 어디!"

　"저기 계단 아래에……."

　주저브 경감은 이리저리 둘러보아도 누팡으로 보이는 사람은 어디에도 없었다.

"매키! 누팡이 어디에 있다는 거야?"

"어……. 분명히 있었는데……. 사라졌네."

"싱겁기는……. 잘못 봤나 보네. 얼른 들어가자!"

세 사람은 전시관에 입장했다. '신비의 폭약'을 발명한 사람은 '붐붐'이라는 사람이었다. 붐붐 씨는 성격이 괴팍하여 세상일에는 관심이 없고 연구실에만 틀어박혀서 폭약 연구만 하는 사람이었다. 이번에 그가 발명한 '신비의 폭약'은 이미 정보국에 팔기로 계약되어 있었다.

"주저브 경감 아닙니까?"

붐붐 씨가 주저브 경감 일행을 반갑게 맞이했다.

"붐붐 씨! 축하드립니다. 이번 폭약이 비싼 가격에 팔렸다는 소문이 자자하던데……. 하하하."

"뭐 그냥 그렇죠. 허허허. 그런데 이 꼬마는 누군가요? 조카인가요?"

"매키라는 우리의 수학탐정이죠."

포터 형사는 마치 자신의 아들이라도 자랑하듯 매키를 소개했다.

"안녕하세요?"

"그래. 아주 똘똘하게 생겼구나."

"감사합니다."

붐붐 씨와 이야기를 나누는 순간 매키의 눈에는 또다시 누팡처럼 보이는 사람이 보였다.

"주저브 아저씨! 누팡이……."

"뭐? 또 누팡 타령이니? 누팡 이야기는 그만하고 저기 어린이들 있는 곳에서 놀고 있거라."

매키는 아이들이 모여 있는 미니 실험 코너로 갔다.

"그런데 붐붐 씨, 저 폭약 가루는 색이 참 신기하네요. 무지갯빛 같기도 하고……."

"하지만 그 폭발력은 아주 무시무시하답니다. 저 신비의 폭약 가루에 물을 $400ml$만 넣어도 엄청나게 폭발합니다."

"네? 그럼 저 위험한 걸……."

"걱정하지 말아요! 정확히 $400ml$의 물을 넣어야 하는데, 이 전시회장에는 $300ml$, $500ml$, $800ml$의 컵밖에 없습니다. 하하하."

"그렇군요. 역시 붐붐 씨는 다릅니다. 하하하."

매키는 자꾸 누팡으로 보이는 사람이 눈에 띄는 것이 왠지 꺼림칙했다. 하지만 주저브 경감이 매키의 말을 믿지 않자 그냥 덮어두기로 하고 또래 아이들과 신비의 흙 만지기 놀이를 하고 있었다.

"여러분, 모두 모여 주세요!"

붐붐 씨는 사람들을 한곳에 모이게 하였다. 사람들 중에는 방송국과 신문사에서 온 몇몇 기자들도 있었다.

"먼저 저의 '신비의 폭약 전시회'에 와 주신 모든 분들께 머리 숙여 감사의 말을 전하겠습니다. 제가 이 신비의 폭약을 발명하기까지는 3년이나 걸렸습니다. 다들 아시다시피 저를 괴짜 발명가, 괴팍한 노인이라고 부르는 사람들이 많다는 것은 저도 잘 압니다. 하지만! 저의 발명은 아주 유용하게 쓰일 것입니다. 이번에 발명한 저의 신비의 폭약도 이미 정보국에 계약이 되었습니다. 아무쪼록 좋은 일에 신비의 폭약이 쓰이기를 바랍니다. 감사합니다."

사람들은 붐붐 씨에게 박수를 치며 환호했다. 기자들은 일제히 카메라 플래시를 터뜨렸다. 그런데 그 순간 매키는 또 누팡을 보았다.

"주저브 아저씨! 누팡이에요! 누팡!"

"뭐라고? 또? 그래~ 알았어."

"정말이에요! 이 전시관 안에 누팡이 있어요!"

"알았다고!"

주저브 경감은 매키의 말을 듣는 둥 마는 둥 했다. 붐붐 씨는 마이크를 잡았다.

"오늘의 전시회를 기념하기 위해 제가 맛있는 요리를 준비 했으니 마음껏 즐기시기 바랍니다. 하하하."

주저브 경감과 포터 형사는 연회장으로 갔다.

"이야~ 정말 맛있겠다."

"그러게. 전시회에 오길 잘했어. 하하하."

"그런데 매키는 어디 간 거죠?"

"또 누팡이 보인다더니, 누팡 찾으러 갔겠지!"

"아……. 뭐라고요? 경감님! 누팡이 정말 이 전시관에 있다 면 큰일입니다. 전시회장에는 폭약들이 가득한데……. 폭발 이라도 하면……."

"걱정 말게! 아까 안 그래도 붐붐 씨한테 위험하지 않냐고 물어봤는데 걱정 없다고 하더라고! 이 전시회장에는 $400ml$를 정확히 잴 컵이 없어! 하하하."

"그래도……. 누팡은 수학 천재인데……."

"그럼 자네는 매키를 따라다니게! 나는 여기 음식을 먹을 테니!"

"아, 아닙니다."

그때 매키는 전시회장을 돌아다니며 누팡을 찾고 있었다. 분명히 누팡은 전시회장 안에 있는 것이 틀림없었다.

'분명 누팡이 이곳에 온 이유는 폭약 때문이야…….'

한참을 뒤졌지만 누팡의 모습은 보이지 않았다.

"매키!"

"포터 아저씨!"

"뭐하고 있어? 연회장에 맛있는 음식이 가득한데, 어서 가서 같이 먹자!"

"누팡이 있어요! 분명히 있어요! 제가 세 번이나 목격했어요!"

"뭐라고? 그래……. 그럼 얼른 찾아야겠구나."

그 순간 신비의 폭약이 전시되었던 제3전시실에서 폭발음이 들렸다.

'펑!'

"누팡이에요!"

매키와 포터는 제3전시실로 달려갔다. 연회장에서 음식을 먹고 있던 사람들은 놀라서 뛰쳐나갔고, 붐붐 씨와 주저브 경감도 제3전시실로 갔다.

"이게 어떻게 된 일인가?"

주저브 경감은 엉망진창이 된 전시실을 멍하니 바라보았다. 붐붐 씨는 바닥에 털썩 주저앉았다.

"내 신비의 폭약……. 흑흑흑."

"주저브 아저씨! 누팡의 짓이에요!"

"뭐?"

매키는 주저브 경감에게 다가왔다.

"누팡의 짓이 틀림없어요. 누팡이 저 신비의 폭약에 400ml의 물을 부었어요."

"말도 안 돼!"

붐붐 씨는 매키의 말을 자르며 말했다.

"400ml를 정확히 잴 수 있는 방법은 없어! 컵은 300ml, 500ml, 800ml짜리밖에 없다고! 근데 어떻게 400ml를 잴 수 있지?"

매키가 떨어져 있는 세 개의 컵을 주워 오며 작은 목소리로 말했다.

"누팡이라면 할 수 있을 거예요."

누팡은 어떻게 300ml, 500ml, 800ml의 세 개의 컵으로 정확히 400ml를 쟀을까?

 수학으로 범인 찾기

누팡이 어떻게 400㎖를 잰 거지?

차근차근 해결하면 돼요. 먼저 800㎖의 컵에 물을 가득 채워요. 그럼 세 컵에 든 물의 양은 다음과 같죠.

다음에는 800㎖ 컵의 물을 500㎖ 컵에 가득 부어요. 그럼 800㎖ 컵에는 300㎖만 남지요.

다음에는 500㎖ 컵의 물을 300㎖ 컵에 가득 부어요.

다음에는 300 ml 컵의 물을 800 ml 컵에 부어요.

다음은 500 ml 컵의 물을 300 ml 컵에 부어요.

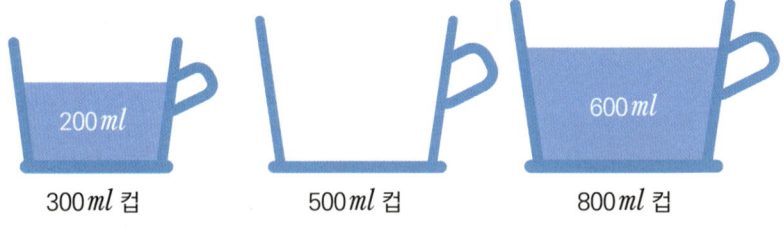

다음에는 800 ml 컵의 물을 500 ml 컵에 부어요.

다음은 500㎖ 컵의 물을 300㎖ 컵에 부으면 100㎖만 들어갈 수 있으므로, 500㎖ 컵에는 물 400㎖만 남게 되지요.

 환상적이군.

순서를 정해 문제 풀기

논리적으로 순서를 정해 문제를 해결하는 다른 문제를 풀어 볼까요? 우인, 원규, 재우, 수연이는 서로 팔씨름을 했습니다. 서로 한 번씩 팔씨름을 한 결과, 우인이는 2승 1패, 원규는 1승 2패, 재우는 3전 전승이었다면 수연이의 성적은 어떻게 될까요?

재우는 3전 전승을 했으므로 재우는 수연이에게 이겼습니다.

- 수연이는 재우에게 졌다.

우인이는 2승 1패인데 1패는 재우에게 진 것이므로, 다른 두 사람에게는 모두 이겼습니다. 그러므로 우인이는 수연을 이겼습니다.

- 수연은 우인이에게 졌다.

원규는 1승 2패인데 2패는 재우와 우인이에게 진 것이므로, 원규는 수연이에게 이겼습니다.

- 수연은 원규에게 졌다.

이렇게 따져 보면 수연은 세 사람에게 모두 졌으므로, 수연의 성적은 3패입니다.

럭셔리 워치 도난 사건
-늦게 가는 시계

"시계 도난 사건입니다!"

주저브 경감과 포터 형사는 사건 소식을 듣고 시내에 있는 '럭셔리 워치'라는 명품 시계 가게로 향했다. 가게에는 깨진 시계가 바닥에 떨어져 있었고, 거울에는 '누팡'이라는 글씨가 적혀 있었다. 가게 주인은 누군가에게 맞은 듯 얼굴에 상처가 있었다.

"경감님! 누팡의 짓은 아닌 것 같습니다."

"나도 그렇게 생각하네. 누군가 누팡의 짓인 것처럼 꾸며 놓은 것이 분명해. 어설픈 도둑이군."

'럭셔리 워치'는 명품 시계로 유명한 가게이다. 시계 하나에 보통 100만 달런이 넘는 고가의 시계들만 판매하는 곳이었다. 가게 주인 밀러 씨는 주저브 경감에게 사건의 정황을 설명했다.

"어젯밤이었어요. 저희 가게에서는 워낙 고가의 시계만 팔다 보니 특이한 시계를 찾는 돈 많은 고객들이 대부분이죠. 손님들이 다른 사람들 눈에 띄는 걸 싫어하다 보니 늦게까지 가게 문을 닫지 않습니다. 그러니까 우리 가게는 사람들이 많이 오가는 평범한 시계 가게가 아니라고요. 아무튼 어젯밤에는 손님은 거의 없었고 저는 평소에 좋아하던 게임에 푹 빠져 있었는데, 갑자기 검은 복면을 쓴 사람이 저의 얼굴을 무언가로 내리쳤어요. 저는 순간 정신을 잃었고……. 정신을 차리고 보니 가게에서 가장 비싼 다이아몬드 시계가 없어졌어요."

"그게 몇 시쯤이었죠?"

"글쎄요……. 게임에 집중을 하느라 시간 가는 줄도 모르고 있었어요."

"매장에 CCTV는 설치되어 있죠?"

"그게……. 안 그래도 누가 왔는지를 확인해 보았지만 얼굴은 보이지 않더군요. 아까 말씀드린 대로 저희는 주로 회원 고객들만 오시기 때문에 가게에 들어올 때는 회원 전용 카드를 이용해 문을 열고 들어올 수 있으니, 그게 단서가 되지 않을까요?"

"그럼 밤 열 시 이후에 들어온 회원들 중 범인이 있다는 거군요."

"경감님, 여기 카드 단말기 기록부와 바닥에 떨어져 깨진 시계를 가져왔습니다!"

포터 형사가 가져온 깨진 시계는 11시를 가리키고 있었다. 주저브 경감은 카드 단말기 기록부와 깨진 시계를 살펴보며 말했다.

"음……. 이 세 사람 중에 범인이 있단 말이군. 한 명은 11시에 온 사람이군. 두 번째는 11시 30분에 온 사람이고, 세 번째는 12시에 온 사람이군! 범인이 들어왔을 때 시계가 깨진 게 분명해! 그럼 깨진 시계가 11시를 가리키고 있으니까 11시에 온 사람이 범인이야! 이름이……. 콜리? 포터!"

"네, 경감님!"

"당장 콜리를 잡아 오게!"

"예, 알겠습니다."

포터 형사가 잡아 온 콜리 씨는 의류회사의 이사로 깔끔하기로 소문난 부자였다. 그런 그가 범인이라는 건 정말 의외였다.

"이봐요! 내가 범인이라니!"

"어제 11시에 이 매장에 왔었죠?"

"그래요. 왔었는데……. 그게 무슨 문제죠?"

"다이아몬드 시계 도난 사건이 일어난 시각입니다."

"그럼 지금 내가 그 시계를 훔치기라도 했다는 겁니까? 나처럼 돈 많은 사람이 뭐하러 훔칩니까?"

"그 다이아몬드 시계는 어마어마하게 고가라서 아무리 돈이 많은 사람이라도 사기 힘든 시계라고 하더군요."

"그래서요?"

콜리 씨는 아주 불쾌한 표정이었다.

"사건 당시 깨진 시계가 11시를 가리키고 있었어요! 당신이 이 매장에 들어온 시각!"

그때 치료를 받고 있던 가게 주인이 경감에게 다가왔다.

"그 시계는 고장이 난 시계예요. 한 시간에 5분씩 느리게 가서 그날 낮 12시에 정확한 시계와 맞춰 놓았었죠. 그러니까 11

시를 가리켰어도 11시가 아닐 수도 있어요."

"네?"

주저브 경감은 순간 이마에 식은땀이 뚝뚝 흘렀다. 또 괜한 사람을 범인으로 몰고 있던 것이다. 콜리 씨는 기가 막힌 얼굴이었다.

"이봐요! 당신 정말 경찰 맞아? 무고한 시민을 근거도 없이 범인이라고 하다니!"

"그게……. 정황상……."

"쳇! 바빠서 이만 가 봐야겠소! 다시는 귀찮게 하지 말아요!"

콜리 씨는 버럭버럭 화를 내며 경찰서 밖으로 나갔다. 주저브 경감은 무안했으나 곧 다시 평정심을 찾았다.

"경감님! 그럼 누가 범인인 거죠?"

"……."

주저브 경감은 아무런 대꾸도 하지 못했다. 그리고 포터 형사에게 다가가 말했다.

"포터! 매키 좀 어서 부르게!"

"네. 그런데 오늘 시험을 치르는 날이라 좀 기다려야 할 것 같습니다."

"뭐라고? 이런……."

"중요한 시험이라 시험이 끝날 때까지 데려올 수 없는데요……."

주저브 경감과 포터 형사는 한숨만 푹푹 쉬고 있었다. 가게 주인은 계속 두 사람을 재촉했다.

"빨리 범인을 잡아야 해요! 이러다가 그 시계를 외국에라도 팔아 버리면……. 그 시계는 저희 가게에 하나밖에 없는 시계라고요! 빨리 좀 해결해 주세요!"

포터 형사는 일단 매키의 학교로 가서 시험이 끝나기만을 기다렸다. 한 시간이 넘게 기다려도 시험은 끝나지 않았다. 매키를 기다리는 동안 주저브 경감은 식은땀만 줄줄 흘리고 있었다.

'딩동 댕동!'

드디어 시험이 끝나고 매키가 친구들과 함께 웃으며 학교 정문을 걸어 나왔다.

"빵빵!"

자동차 경적 소리에 놀란 매키는 경찰차를 바라보았다.

"포터 아저씨?"

"매키야! 어서 타라!"

매키는 다급한 목소리에 일단 차에 올라탔다.

"무슨 일이세요? 시험 끝났다고 맛있는 거라도 사 주시러 오신 거예요? 하하하!"

"맛있는 건 나중에 사 줄게. 일단은 사건부터 해결하고!"

"네!"

주저브 경감은 1초가 1분 아니, 1시간인 것처럼 초조해졌다. 가게 주인 밀러 씨는 계속해서 범인을 잡아 달라고 재촉했지만 또다시 괜한 사람을 범인으로 오해하면 큰일이 날 게 뻔했다.

'왜 이렇게 안 오는 거야…….'

"주저브 아저씨!"

매키가 가게 안으로 들어오자 너무 반가웠다.

"매키야!"

주저브 경감은 매키를 꼭 끌어안았다. 그리고 감격의 눈물을 흘렸다.

"아, 아저씨……."

"이야! 경감님께서 매키를 이렇게나 좋아하는 줄은 몰랐습니다."

포터 형사는 히죽거리며 말했다.

"매키! 어서 시계 도둑을 잡아 주렴!"

사건의 이야기를 들은 매키는 잠시 동안 가만히 생각에 잠겼다. 그리고 곧 환하게 웃으며 말했다.

"범인을 알아냈어요!"

과연 매키가 찾아낸 범인은 세 사람 중 누구일까요?

1) 11시에 온 사람 2) 11시 30분에 온 사람 3) 12시에 온 사람

수학으로 범인 찾기

 범인은 12시에 온 사람입니다.

 왜 12시에 온 사람이 범인이지?

 시계가 5분씩 늦게 가잖아요? 이럴 때는 정확한 시계와 늦게 가는 시계의 시간을 표로 만들어 비교하면 됩니다.

늦게 가는 시계	정확한 시계
12:00	12:00
12:55	1:00
1:50	2:00
2:45	3:00
3:40	4:00
4:35	5:00
5:30	6:00
6:25	7:00
7:20	8:00
8:15	9:00
9:10	10:00
10:05	11:00
11:00	12:00

 보셨죠?

정말 그렇군! 5분씩 느리게 가는 시계가 11시를 가리키면 실제 시각은 12시가 되는군!

느리게 가는 시계

느리게 가는 시계에 관한 다른 문제를 다루어 봅시다. 다음과 같은 문제를 보죠.

1시간에 3분씩 느리게 가는 시계가 있는데 어느 날 아침 7시에 정확한 시계보다 11분 빠르게 맞춰 놓았다고 하죠. 정확한 시계가 그날 아침 10시가 되면 늦게 가는 시계가 가리키는 시각은 얼마일까요?

역시 다음과 같이 표를 만들면 됩니다.

늦게 가는 시계	정확한 시계
7:11	7:00
8:08	8:00
9:05	9:00
10:02	10:00

그러므로 늦게 가는 시계는 10시 2분을 가리키지요.

이 문제를 비례식을 이용하여 풀 수도 있어요. 느리게 가는 시계는 한 시간에 3분 느리게 가므로 정확한 시계가 1시간을 갈 때 느리게 가는 시계는 57분을 가지요. 그러므로 정확한 시계가 7시부터 10시까지 3시간을 가면 느리게 가는 시계는 57×3=171분을 갑니다.

그런데 느리게 가는 시계가 11분을 앞선 상태에서 출발했으므로 느리게 가는 시계는 정확한 시계가 10시에 도달할 때 171+11=182분=3시간 2분을 갑니다. 그러므로 느리게 가는 시계는 10시 2분을 가리키게 되는 거죠.

신제품 도둑을 찾아라!
-공통점이 있는 문제

"으악!"

컴퓨터 회사의 이사였던 케이츠 씨는 야근을 하다가 누군가의 습격을 받고 쓰러져 있었다. 이를 발견한 경비원이 병원과 경찰에 신고를 했다. 주저브 경감과 매키는 현장으로 출동했다.

포터 형사는 케이츠 씨가 입원한 병원으로 갔다. 다행히 케이츠 씨는 정신을 차린 상태였다.

"케이츠 씨, 저는 포터 형사입니다. 괜찮으세요? 사건 당일 범인의 얼굴은 기억이 나십니까?"

"글쎄요……. 불이 꺼져서 얼굴을 볼 수 없었어요……. 그리고 뭔가로 제 머리를 내리쳐서 순간 정신을 잃었어요."

"그렇군요. 그럼 없어진 것은 뭐가 있죠?"

'따르르릉!'

포터 형사가 케이츠 씨에게 또 다른 질문을 하려던 순간 전화벨이 울렸다.

"여보세요?"

"포터? 나 주저브야! 피해자에게 알아낸 거 있나?"

"범인이 불을 끈 상태에서 범죄를 저질렀나 봅니다. 어두워서 아무것도 볼 수 없었다고 합니다."

"뭐 없어진 건 없나?"

"이제 막 물어보려던 참이었는데요."

"빨리 좀 물어봐! 이런 느림보! 그리고 현장으로 바로 와!"

"네."

포터 형사가 다시 케이츠 씨에게 물었다.

"죄송합니다. 케이츠 씨, 그럼 잃어버린 물건이라도 있습니까?"

"네. 어렴풋하게 기억나는 것이 그 범인이 저희 회사의 신제품 프로그램이 든 USB를 들고 나가는 것 같았어요."

"신제품 프로그램 USB요?"

포터 형사는 서둘러 현장으로 달려갔다.

주저브 경감과 매키가 사건 현장을 둘러보고 있었다. 헐레벌떡 달려온 포터 형사가 말했다.

"경감님!"

"음. 뭐 좀 알아냈어?"

"피해자의 말에 의하면 범인이 신제품 프로그램 USB를 훔쳐 간 것 같다고 합니다."

"USB?"

"네. 프로그램을 완성하고 오늘 발표할 계획이었다고 하는데……. 아무래도 계획적인 범행인 것 같습니다."

"음. 그런 거 같군!"

매키는 사무실 바닥에 떨어져 있던 병과 테이프를 들고 주저브 경감에게 다가왔다.

"이게 범행 도구였나 봐요."

"그래! 케이츠 씨의 말에 의하면 뭔가 둔탁한 것으로 내리쳤다고 했어! 그게 이 병이었구나. 그럼 이 테이프는 케이츠 씨의 입에 붙어 있던 것?"

"경비를 좀 만나야겠어요!"

주저브 경감 일행은 경비실로 갔지만 자리에 없었다.

"어디 가셨지?"

"경찰관들이십니까?"

등 뒤에서 경비 아저씨가 다가왔다.

"네, 어제 이 회사에서 사건이 일어나서 조사를 나왔습니다."

"네, 야간 경비원에게 들었습니다."

"야간 경비원이 따로 있습니까?"

"네, 저는 오전에 근무를 하고 밤에는 로이 씨가 근무를 했습니다. 방금 막 나갔는데……."

"얼마나 됐죠?"

"한 오 분 정도 되었나?"

포터 형사는 잽싸게 건물 밖으로 뛰어나갔다. 주저브 경감은 흐뭇한 얼굴로 말했다.

"이제야 좀 빠르게 움직이는군!"

얼마 후 포터 형사가 경비원 로이 씨와 함께 건물 안으로 들어왔다.

"어제 야간 경비를 서신 분 맞습니까?"

"네, 제가 야간 경비 담당 로이입니다."

"사건 당일 수상한 사람들이 건물 안으로 들어오는 걸 보셨습니까?"

로이 씨는 고개를 갸우뚱거렸다.

"요즘 회사가 가장 바쁠 때라서 직원들이 야근을 많이 하죠. 그래서인지 야식도 많이 배달시켜 먹기도 하고……."

"야식 배달? 그렇지! 바로 그거야!"

주저브 경감은 무언가 해결의 실마리를 찾은 것 같아 기뻤다.

"그럼 어젯밤에도 야식 배달원이 왔나요?"

"네, 제 기억으로는 세 사람이 사무실로 들어갔습니다. 아주 정확히 기억하죠. 세 사람 모두 병 같은 것을 들고 있어서 유심히 봤죠!"

"병이라고요?"

주저브 경감은 로이 씨의 말을 메모했다.

- 첫 번째 용의자: 반지름이 50cm인 네 개의 병을 테이프로 두르고 간 배달원

- 두 번째 용의자: 반지름이 30cm인 여섯 개의 병을 테이프로 두르고 간 배달원

- 세 번째 용의자: 반지름이 100cm인 한 개의 병을 테이프로 두르고 간 배달원

경찰서로 돌아온 주저브 경감은 메모지를 뚫어져라 쳐다보았다. 그리고 현장에서 발견된 병과 테이프를 번갈아 살펴보았다.

"도대체 범인이 누구란 말이지?"

주저브 경감은 메모지와 테이프, 병을 책상에 올려놓고 화장실에 갔다. 매키는 주저브 경감의 자리에 놓여 있는 물건들을 보았다.

"이게 뭐지?"

메모지를 읽고 매키는 테이프를 이리저리 만져 보았다.

"음……. 테이프가 겹쳐져 있는 부분이 1cm구나. 그리고 전체 길이는 715cm고."

화장실에 다녀온 주저브 경감은 자신의 자리에 앉아 있는 매키를 보았다.

"매키! 이번 사건은 수학이랑 전혀 관련이 없는 것 같아! 병과 테이프는 유일한 단서니까 건들지 말아라! 으흠! 내가 해결할 거니까 걱정 말고 오늘은 집에 일찍 들어가서 숙제나 해!"

매키는 듣는 둥 마는 둥 계속 테이프를 만지작거리며 메모지를 쳐다보았다.

"매키!"

포터 형사가 불러도 대답은 없었다.

"매키야!"

"네?"

"무슨 생각을 그렇게 골똘히 해? 불러도 대답도 없고! 늦었으니까 집에 가자. 내가 데려다 줄게!"

"포터 아저씨! 범인을 알아냈어요!"

주저브 경감과 포터 형사는 놀란 토끼 눈으로 매키를 바라보았다.

"뭐라고?"

"매키야! 정말 대단하다. 어떻게 알아낸 거야?"

과연 매키는 세 명의 용의자 중에서 어떻게 범인을 찾았을까? 그리고 범인은 누굴까?

1) 첫 번째 용의자: 반지름이 50cm인 네 개의 병을 테이프

로 두르고 간 배달원

2) 두 번째 용의자: 반지름이 30cm인 여섯 개의 병을 테이프로 두르고 간 배달원

3) 세 번째 용의자: 반지름이 100cm인 한 개의 병을 테이프로 두르고 간 배달원

 수학으로 범인 찾기

 범인은 첫 번째 용의자입니다.

 어떻게 알아낸 거지?

 네 개의 병을 테이프로 두르면 다음 그림과 같아요.

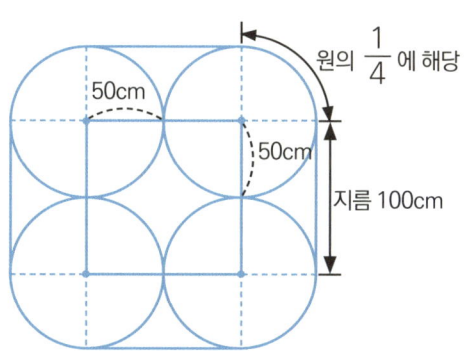

그림의 둘레의 길이가 바로 714cm이지요.

 왜 715cm가 아니지?

 겹친 부분 1cm는 빼야지요.

 그렇군.

 그러니까 병 하나의 반지름이 50cm이면 둥글게 지나가는 부분의 길이는 병 하나를 감을 때 테이프의 길이의 $\frac{1}{4}$이고, 직선으로 감은 부분은 병 하나의 지름과 같지요.

 그런데 그림에서 둥근 부분은 4개 있으므로 이것은 반지름이 50cm인 원 하나의 둘레의 길이와 같아져요. $50 \times 2 \times 3.14 = 314$(cm)가 되지요. 그리고 직선 부분 하나의 길이는 원의 지름인 100cm가 되므로 전체 직선 부분의 길이는 400cm가 되지요. 그러니까 전체 둘레의 길이는 $314 + 400 = 714$(cm)가 되지요.

 그렇다면 나머지는 어떻게 되는 거지?

 여섯 개의 병을 테이프로 두르면 다음 그림과 같아요. 병 하나의 반지름이 30cm면 둥글게 지나가는 부분의 길이는 병 하나를 감을 때 테이프 길이의 $\frac{1}{3}$이고, 그림에 둥근 부분이 3개 있으므로 그 길이를 합하면 반지름이 30cm인 원의 둘레와

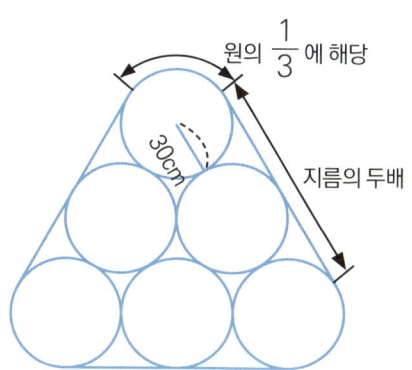

같습니다. 계산하면 $30 \times 2 \times 3.14 = 188.4$(cm)입니다.

그리고 직선 부분 하나의 길이는 원의 지름의 2배인 120cm 죠. 직선 부분이 세 군데 있으니까 $120 \times 3 = 360$(cm)가 되지요. 그러니까 전체 둘레의 길이는 $188.4 + 360 = 548.4$(cm)가 되지요.

그럼 마지막은 어떻게 되는 것이지?

반지름이 100cm인 병 하나를 테이프로 두른 값만 구하면 되지요.

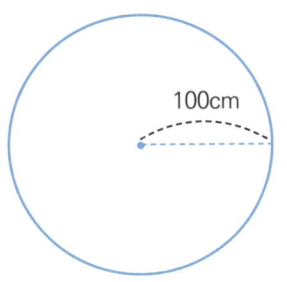

 반지름이 100cm라면 이 원의 둘레의 길이는 100×2×3.14=628(cm)가 되지요.

 아하! 그렇군.

공통된 부분을 빼는 법

이번에는 공통된 부분을 빼는 문제에 대해 알아보죠. 다음과 같이 반지름이 3cm인 홀수 개의 원이 겹쳐져 있다고 하죠. 이때 원은 모두 몇 개일까요?

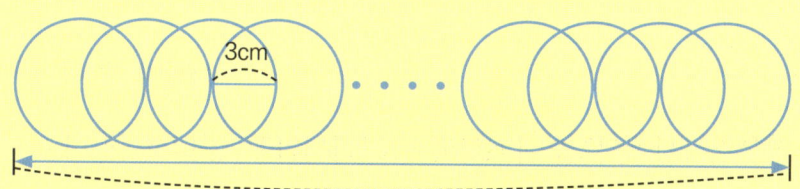

먼저 원이 세 개일 때를 보죠.

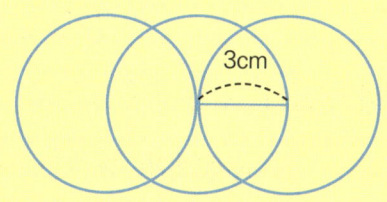

전체 길이는 지름의 2배이니까 6×2=12(cm)가 되는군요. 여기서 원의 개수와 지름의 배수 사이의 관계는 다음과 같습니다.

$$3 = 2 \times 2 - 1$$

원이 5개일 때를 보죠.

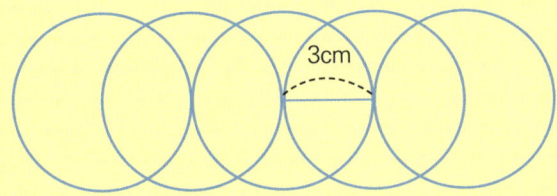

전체 길이는 지름의 3배이므로 6×3=18(cm)가 됩니다. 여기서 원의 개수와 지름의 배수 사이의 관계는 다음과 같습니다.

$$5 = 2 \times 3 - 1$$

그러므로 주어진 문제에서 전체 길이를 지름으로 나누면

102÷6=17이므로 원의 개수를 x개라고 하면 다음과 같습니다.

$$x = 2 \times 17 - 1 = 33(개)$$

따라서 원은 33개입니다.

공통을 빼는 문제를 이제 알겠죠?

9장

생선 도둑은 누구?

-연립방정식 1

"도난 사건이 발생했습니다. 출동하십시오."

주저브 경감이 타고 있던 차 안의 경고등에 빨간 불이 들어왔다.

"또 출동이군. 이번에는 어디야?"

"바다르라는 해안 마을이네요. 여기서 한 시간 정도 걸릴 텐데……."

"해안 마을? 도난 사건이면 매키를 데려가야겠군."

"경감님! 이제 매키 없이는 안 되겠어요. 그렇죠?"

"으흠……."

주저브 경감은 매키의 집을 향해 가면서 매키에게 전화를 걸었다.

"여보세요?"

"매키니? 나다. 주저브."

"아저씨! 무슨 일이시죠?"

"출동이야. 바다르라는 해안 마을에서 도난 사건이 발생했어. 지금 집으로 가고 있으니 준비하거라."

"네."

주저브 경감과 포터 형사, 매키는 수사를 하기 위해 바닷가로 출동했다.

현장에는 어민들과 소매상들이 꽤 많이 몰려 있었다.

"우아! 무슨 사람들이 이렇게 많아?"

"포터! 나는 마을 대표를 만나서 자초지종을 들어야겠어. 자네는 여기 있는 사람들에게 한 명도 마을을 떠나지 말라고 전하게. 수사가 종료될 때까지는 누구도 이곳에서 한 발짝도 나갈 수 없어."

주저브 경감은 먼저 마을의 이장을 만나 보았다. 이장은 도난 사건 때문에 흥분한 상태였다.

"경찰관님, 제발 범인을 잡아 주십시오."

"진정하시고 무슨 일인지 차근차근 말씀해 보세요."

"그게……."

원래 바다르라는 해안 마을은 두 종류의 생선이 유명했다. 하나는 도미였고, 다른 하나는 슈퍼 오징어였다. 특히 슈퍼 오징어는 바다르에서만 잡히는 희귀한 생선이었다. 게다가 일 년에 한 달 정도만 잡을 수 있기 때문에 사람들은 이맘때가 되면 슈퍼 오징어를 구입하기 위해 바다르 마을에 몰려들었다.

도미의 가격은 한 마리에 200달란이었고, 슈퍼 오징어의 가격은 300달란이었다. 보통 두 종류의 생선을 섞어 10마리를 한 상자에 판매했다. 그런데 올해는 원래 잡았던 슈퍼 오징어의 세 배의 크기에 달하는 초대형 슈퍼 오징어가 잡혔다는 소식에 소매상들이 엄청나게 몰려들었다.

그런데 2,400달란짜리 생선 한 상자가 도난당한 것이었다. 그래서 마을 어민들은 그냥 넘어갈 수 없는 일이라며 경찰에 신고를 한 것이었다.

"반드시 잡아야 합니다. 우리가 일 년 동안 고생해서 잡은 생선인데……. 흑흑흑."

"걱정 마십시오. 범인은 분명 저 사람들 중에 있으니까 꼭 잡힐 것입니다. 놈은 독 안에 든 쥐입니다. 시간 문제죠."
주저브 경감은 믿음직한 말로 마을 이장을 안심시켰다.

생선을 구입하기 위해 아침부터 왔던 사람들은 저녁이 다 되어서도 집에 돌아갈 수 없게 되자 여기저기서 불만이 쏟아졌다.
"저는 범인도 아닌데 왜 집에 못 가게 하는 겁니까? 조금 있으면 버스도 끊기는데……."
"저도 빨리 집에 가야 해요!"
"도대체 범인이 누구야? 빨리 자수하고 집에 좀 갑시다!"
포터 형사가 사람들을 진정시키려 했으나 수십 명의 사람들을 감당하기에는 역부족이었다. 그러자 주저브 경감이 크게 소리쳤다.
"자, 모두 조용히 해 주십시오. 자꾸 이러시면 수사는 점점 느려질 것입니다. 모두 집에 가고 싶지 않습니까?"
사람들은 하나둘씩 헛기침을 하며 조용히 입을 다물었다. 주저브 경감은 사람들을 조용히 시키기는 했지만 어찌해야 할지 몰라서 멀뚱멀뚱 서 있었다.

"경감님, 어떻게 해야 합니까? 마을 이장이 뭐라고 하던가요?"

포터 형사는 주저브 경감에게 귓속말을 하였다.

"2,400달란짜리 상자를 도난당했대. 상자만 덩그러니 남고 생선만 없어졌는데 어떻게 찾아내야 할지 모르겠군……. 일단 내가 해결해 볼 테니 매키에게는 아직 말하지 말게."

주저브 경감은 사람들 사이를 천천히 걸어갔다. 매키를 데려오기는 했지만 이번에는 사건을 꼭 직접 해결하고 싶었다.

사람들의 얼굴을 하나하나 살펴보며 왠지 인상이 좋지 못한 사람들을 다섯 명 골라냈다.

"뭡니까? 얼굴이 좀 험상궂게 생겼다는 이유만으로 내가 범인이라는 겁니까?"

"그게 아니라……."

"당신 경찰 맞아? 어떻게 사람 인상을 보고 범인을 찾아낸단 말이야?"

"으흠. 경감입니다. 그리고 심리 수사라는 게 있어요. 육감적인……."

포터 형사는 주저브 경감이 또 헛다리를 짚었다고 생각했다. 아무래도 이대로 있다가는 안 될 것만 같았다. 매키에게 살금살금 다가가 이야기를 전했다.

"매키야! 네가 어서 해결하는 게 좋을 것 같아. 경감님의 육감적인 수사는 위험해. 도난당한 것은 200달란짜리 도미와 300달란짜리 슈퍼 오징어가 10개 섞인 생선 한 상자야. 도난당한 상자의 가격은 2,400달란이고, 상자만 남고 생선만 없어진 거래. 어때, 해결할 수 있겠어?"

"시간을 좀 주세요."

매키는 바다를 바라보면서 골똘히 생각에 잠겼다. 주저브 경감은 여전히 심리 수사를 진행하고 있었다.

"다들 구입하신 생선 상자를 열어 보세요!"

이번에는 또 어떤 일을 저지를지 포터 형사는 불안해했다. 주저브 경감은 하나씩 생선 상자를 뚫어져라 바라보았다.

"마을 이장을 불러오게."

"네?"

포터 형사는 일단 그의 말을 따랐다. 이장을 불러오자 주저브 경감은 심각한 목소리로 말했다.

"도난당한 생선들이 어떻게 생겼습니까?"

"……."

마을 이장은 아무런 말도 하지 않고 한숨만 푹 쉬었다. 포터 형사는 어색한 웃음을 지으며 말했다.

"하하하. 이장님! 저희 경감님이 농담하신 겁니다. 하하하."

"농담? 아닌데……."

"하하하. 경감님……."

포터 형사의 이마에서 식은땀이 뚝뚝 떨어졌다. 매키도 사람들의 생선 상자를 하나씩 들여다보았다. 그리고 세 사람을 앞으로 불렀다.

"세 분의 상자를 다시 한 번 살펴봐야겠어요. 지금이라도 자수를 하시는 게 좋을 거예요. 분명 이 세 분 중에 범인이 있습니다."

매키는 너무나도 자신 있게 말했다. 주저브 경감과 포터 형사, 마을 이장은 매키 곁으로 걸어왔다.

"매키! 괜한 사람들한테 이러는 거면 곤란해."

주저브 경감은 은근히 매키를 경계했다. 하지만 포터 형사는 매키를 굳게 믿었다. 세 사람 중 누구도 자수를 하지 않았다. 그러자 매키는 세 사람 중 한 사람을 손가락으로 가리켰다.

"당신이 생선 도둑이에요."

매키가 선택한 범인은 누구일까?

1) 도미 6마리와 슈퍼 오징어 4마리 상자를 가진 사람

2) 도미 5마리와 슈퍼 오징어 5마리 상자를 가진 사람

3) 도미 4마리와 슈퍼 오징어 6마리 상자를 가진 사람

 ## 수학으로 범인 찾기

범인은 도미 6마리와 슈퍼 오징어 4마리 상자를 가진 사람입니다!

어떻게 도난당한 상자 속에 있는 생선의 수를 알았지?

간단해요. 도미와 슈퍼 오징어를 합쳐서 10마리이고, 전체 가격이 2,400달란이 되는 경우를 조사하면 되죠. 다음과 같이 표를 만들 수 있지요.

도미	0	1	2	3	4	5
슈퍼 오징어	10	9	8	7	6	5
총액	3,000	2,900	2,800	2,700	2,600	2,500
도미	6	7	8	9	10	
슈퍼 오징어	4	3	2	1	0	
총액	2,400	2,300	2,200	2,100	2,000	

그러니까 2,400달란이 나오는 경우는 도미가 6마리, 슈퍼 오징어가 4마리인 경우이죠.

그렇군.

감점이 있는 시험문제

이 사건과 비슷한 문제를 하나 더 풀어 봅시다. 예를 들어 어떤 시험문제가 20개인데 한 문제를 맞히면 4점을 받고, 틀리면 1점을 감점한다고 합시다. 20문제를 다 풀었는데 60점이 나왔다면 맞힌 문제는 모두 몇 문제일까요?

역시 표를 만들어 해결하면 돼요. 다음과 같이 맞힌 문제의 수와 틀린 문제의 수를 나열하고 각각의 경우의 점수를 적어 보죠.

맞힌 문제	20	19	18	17	16	15	…
틀린 문제	0	1	2	3	4	5	…
점수	80	75	70	65	60	55	…

그러므로 60점이 되는 경우는 16문제를 맞히고 4문제를 틀린 경우가 됩니다.

이 문제는 방정식을 이용하여 풀 수도 있어요. 맞힌 문제의 개수를 x라고 하면 틀린 문제의 개수는 $20-x$가 됩니다. 그러므로 20문제를 풀었는데 60점이 나왔다면 전체 점수는 다음과 같습니다.

$$4x-(20-x)=5x-20=60$$

여기서 x를 구하면 $x=16$이 되어 맞힌 문제는 16문제입니다.

이 문제는 식을 이용해 풀 수도 있어요. 만약 20문제 모두를 맞힌다면 점수는 $20 \times 4 = 80$(점)이 됩니다. 그럼 19문제를 맞히고 1문제를 틀렸다면 몇 점이 될까요? 이때는 $19 \times 4 - 1 \times 1 = 75$(점)이 됩니다. 그리고 18문제를 맞히고 2문제를 틀렸다면 점수는 $18 \times 4 - 2 \times 1 = 70$(점)이 됩니다. 그러므로 맞힌 문제가 하나씩 줄어들 때마다 5점씩 내려가는 것을 알 수 있죠?

따라서 60점이 나온 경우는 16문제를 맞히고 4문제가 틀린 경우가 됩니다. 이때는 다음 식이 성립합니다.

$$16 \times 4 - 4 \times 1 = 60(점)$$

여기서 뺄셈을 한 이유는 틀린 네 문제에 대해서는 감점이 되기 때문입니다.

함께 풀어 봐요!

그랜드 도넛 사건
-대칭 문제

매키는 주디와 함께 쎄콩 박물관 앞에서 아이스크림과 도넛을 먹고 있었다.

"역시 할머니 도넛이 세상에서 가장 맛있어요."

"정말 최고예요. 최고!"

도넛 가게의 주인 그랜드 할머니는 손님들이 맛있게 도넛을 먹는 모습을 보는 것을 가장 좋아했다. 도넛을 먹기 위해 먼 곳에서 손님들이 찾아올 정도로 할머니의 도넛 가게는 언제나 북적였다. 하지만 돈이 없고 배고픈 사람들에게는 공짜로 도넛을 나눠 주었기 때문에 오히려 적자가 났다. 매키와 주디는 일주일에 서너 번은 그랜드 도넛 가게에 들렀다.

"할머니! 세트 B 하나만 더 주세요!"

"주디야, 그렇게 먹다가는 예쁜 몸매가 뚱뚱해질지도 모른단다."

"할머니!"

"하하하! 주디는 이미 통통해요. 하하하~"

매키는 주디를 놀렸다. 주디는 입을 삐죽거리면서도 치즈 스틱을 오물거렸다. 치즈의 고소함이 입 안 가득 퍼져서 살이 찌든 말든 신경 쓰이지 않았다. 마침 지나가던 주저브 경감과 포터 형사도 도넛을 먹기 위해 그랜드 할머니네 가게에 들어왔다.

"할머니."

"어서 오시게. 경감!"

"어라? 매키 아니냐?"

"주저브 아저씨! 포터 아저씨!"

"도넛 먹으러 왔구나. 우리도 출출해서 지나가던 참에 도넛이랑 치즈 스틱을 먹으러 왔다. 할머니, 도넛 두 개랑 치즈 스틱 두 개, 아이스크림 두 개 주세요."

주저브 경감이 주문을 해도 할머니는 우두커니 서 있었다. 그리고 메뉴판을 건넸다.

"아! 하나씩 따로 주문하면 안 되지. 음……. 세트 A, B, C 주세요."

할머니는 그제야 고개를 끄덕였다. 그랜드 도넛은 세 가지 세트만 판매하고 있었다.

세트 A = 아이스크림 + 도넛 : 170달란
세트 B = 도넛 + 치즈 스틱 : 200달란
세트 C = 아이스크림 + 치즈 스틱 : 230달란

주저브 경감과 포터 형사는 갓 튀긴 도넛과 치즈 스틱을 호호 불며 순식간에 먹었다. 매키와 주디는 아이스크림을 먹으며 입맛을 다셨다. 인심 좋은 그랜드 할머니는 도넛 두 개를 매키와 주디 앞에 놓았다.

"우리 꼬마 단골손님들! 하나씩만 더 먹으렴. 너무 많이 먹으면 안 좋단다."

"우아! 감사합니다."

"잘 먹겠습니다."

매키와 주디는 싱글벙글 신이 나서 도넛을 입에 물었다. 이번에는 주저브 경감과 포터 형사가 아이스크림을 먹으며 자신들의 빈 그릇을 물끄러미 바라보았다.

"으흠……."

그랜드 할머니는 웃으며 도넛 두 개를 건네주었다.

"어른 단골들도 드시게."

"하하하."

주저브 형사와 포터 형사는 어린아이처럼 신이 나서는 도넛을 한입에 쏙 넣었다.

"앗! 뜨거워!"

포터 형사는 호들갑을 떨며 자리에서 폴짝거렸다. 이를 보고 매키와 주디, 주저브 경감과 할머니가 크게 웃었다.

다음 날 매키와 주디는 수업이 끝나고 그랜드 도넛을 찾아갔다. 그런데 가게 문이 닫혀 있었다.

"어라? 한 번도 문 닫은 적이 없으셨는데……."

"그러게. 너무 먹고 싶은데……."

두 사람은 30분 정도 기다리다가 할머니가 오시지 않자 집으로 돌아갔다. 그 다음 날도 가게 문은 굳게 잠겨 있었다.

"이상하다……. 할머니가 어디 편찮으신 게 아닐까?"

"무슨 일 있으신 거 아닐까?"

이틀 뒤 가게 문이 열렸다. 주저브 경감과 포터 형사는 도넛을 먹기 위해 가게 안으로 들어갔다.

"할머니, 무슨 일 있으세요? 며칠 동안 가게도 안 여시고……."

"글쎄……. 며칠 전에 도넛 1,000개를 도둑맞았어."

"네?"

"그럼 저희한테 연락을 하시지 그러셨어요!"

"그게 문제가 아니라……. 사실 도넛을 훔쳐 간 것도 속상하지만……. 내가 보험에 들어서 그나마 안심을 했지. 그런데 보험 회사에서 도넛 하나의 가격을 알 수 없다면서 보험금을 지급할 수 없다고 하는 거야……."

할머니의 눈시울이 촉촉해졌다. 가게의 손님들은 많지만 공짜로 나누어 주는 것이 많아 늘 적자가 났기 때문에, 보험금을 받지 못하면 가게 문을 닫아야 할 지경이었다.

"이를 어쩌나……."

주저브 경감과 포터 형사는 머리를 아무리 굴려도 해결책이 나오지 않았다. 그때 마침 매키와 주디가 가게 안으로 들어왔다.

"할머니! 그동안 왜 안 나오셨어요? 도넛이 얼마나 먹고 싶었는데요. 포터 아저씨랑 주저브 아저씨도 계셨네요."

"저희 세트 A랑 B 주세요."

"어라? 할머니 우셨어요?"

그랜드 할머니는 눈물을 훔치며 애써 웃었다.

"아무것도 아니야. 잠깐만 기다리렴."

"포터 아저씨, 무슨 일이에요?"

"할머니가 도넛을 1,000개나 도둑맞았대. 그런데 보험 회사에서는 도넛 한 개의 가격을 알 수 없기 때문에 보험금을 지급할 수 없다고 해서 속상하셔서 우신 거야."

"그럼 도넛 한 개의 가격만 알면 보험금을 받을 수 있는 거죠?"

"물론이지."

그랜드 할머니가 도넛과 치즈 스틱, 아이스크림을 접시에 가득 담아 주셨다.

"며칠 동안 가게 문이 닫혀서 헛걸음을 했을 텐데, 오늘은 공짜로 주는 거니까 다들 맛있게 먹어!"

"우아~ 정말 맛있겠다."

주디와 포터 형사, 주저브 경감은 우걱우걱 먹기 시작했다. 매키는 우두커니 서 있었다.

"매키야! 도넛 먹기 싫으니?"

매키는 잠시 동안 생각에 잠겼다가 고개를 끄덕이며 말했다.

"도넛을 공짜로 먹을 수는 없죠! 할머니! 제가 꼭 보험금을 받을 수 있도록 할게요."

"뭐라고?"

정신없이 도넛을 먹고 있던 포터 형사가 매키를 보며 말했다.

"매키! 무슨 좋은 방법이라고 있는 거니?"

"네! 도넛 한 개의 가격을 알아내는 건 식은 죽 먹기죠! 하하하!"

"잘난 척은!"

주디는 아이스크림을 한 입 베어 물며 말했다. 주저브 경감과 포터 형사도 주디의 말에 공감하며 고개를 끄덕였다.

"아저씨!"

"하하하!"

다음 날 그랜드 할머니는 보험금을 모두 받아냈다.

과연 매키는 어떻게 도넛 한 개의 가격을 알아낼 수 있었을까?

 ## 수학으로 범인 찾기

🧓 어떻게 도넛 하나의 가격을 안 거지?

👦 간단해요. 아이스크림의 값을 A, 도넛의 값을 B, 치즈스틱의 값을 C라고 할게요. 앞에서 이야기한 세트 메뉴의 값대로 하면 다음과 같죠.

$$A+B=170$$
$$B+C=200$$
$$C+A=230$$

이 세 식을 모두 더하면 다음과 같아요.

$$A+B+B+C+C+A=170+200+230=600(달란)$$
$$2A+2B+2C=600(달란)$$
$$A+B+C=300(달란)$$

 그 다음은?

도넛의 값은 B이니까 B를 구하면 되지요. A＋B＋C ＝300은 B＋(C＋A)＝300이라고 쓸 수 있어요. 그런데 C＋A＝230이니까 다음과 같은 식이 만들어져요.

B+(C+A)=300

C+A=230
B+230=300
B=70

 B＝70이니까 도넛 하나의 값은 70달란입니다!
 그렇군.

이웃한 두 바닥의 쪽수

어떤 책의 이웃한 두 쪽수의 합이 543이라고 할 때 각각의 쪽이 몇 쪽인지를 알 수 있을까요?

이럴 때는 방정식을 사용하면 됩니다. 방정식은 모르는 값을 x로 놓고 구하는 식을 말합니다. 두 바닥의 쪽수 중 작은 쪽을 x라고 하면 다른 쪽수는 그 다음 쪽이므로 $x+1$이 됩니다.

두 쪽수를 더하면 다음과 같아요.

$$x+(x+1)=543$$

$$2x=542$$

$$x=271$$

그러므로 구하는 쪽수는 271쪽과 272쪽입니다.

이번에는 방정식을 세우지 않고 문제를 풀어 볼까요?

543이 이웃한 쪽수의 합이므로 543에서 1을 뺀 수는 이웃한 두 쪽수 중 작은 수의 두 배가 됩니다. 즉 542는 작은 수의 두 배가 되지요. 그러므로 작은 수는 542를 2로 나눈 271이 됩니다. 따라서 이웃한 두 쪽수는 271쪽과 272쪽입니다.

이런 논리를 이용하면 어떤 두 수가 있고 두 수의 차가 5이고 두 수의 합이 25일 때 두 수를 구할 수 있습니다. 어떻게 생각하면 될까요? 두 수의 차가 5이므로 큰 수는 작은 수보다 5만큼 큽니다.

예를 들어, 3과 8을 생각해 보죠. 이때 두 수의 차는 5이죠? 그리고 두 수의 합은 11입니다. 이때 두 수의 합에서 차를 빼면 11-5=6이 되고, 6=2×3이 되므로 두 수의 합에서 차를 뺀 수는 작은 수의 두 배가 됩니다.

그러므로 두 수의 차가 5이고 두 수의 합이 25가 되는 경우에서, 두 수의 합에서 차를 뺀 수는 25-5=20이 되고 20=2×10이므로, 작은 수는 10이 되고 큰 수는 15가 됩니다.

공사판의 영수증
-연립방정식2

아파트 공사가 한창이던 공사 현장에 매키와 주저브 경감, 포터 형사가 출동했다. 아파트 공사 현장 중에 17동 공사 현장에서 어젯밤에 공사가 끝나고 남은 건축 자재들이 도난당했기 때문이었다.

"경감님! 여기가 자재가 있던 곳이랍니다."

"현장은 그대로 보존했겠지?"

주저브 경감이 현장을 둘러보며 포터 형사에게 물었다.

"네, 사고가 일어난 다음에 현장으로 아무도 들어오지 못하게 막아 놓았습니다."

주저브 경감은 고개를 끄덕이며 이곳저곳을 둘러보았다. 그때 작업반장 웰치 씨가 다가왔다.

"안녕하십니까. 주저브 경감님? 제가 처음 발견하고 신고한 17동의 작업반장 웰치입니다."

"네, 주저브입니다. 웰치 씨, 자재를 도난당했다는 것을 알게 된 게 언제죠?"

"오늘 새벽입니다. 제가 작업장에 가장 먼저 출근을 하죠. 오늘도 늘 나오던 시간에 왔는데 어제 남은 자재들을 반품하려고 와 보니 자재들이 몽땅 없어졌더라고요."

"어젯밤에 마지막으로 자재를 본 건 언제죠?"

"제가 오후 8시쯤 퇴근했으니까……. 자재를 본 건 8시가 조금 안 되어서였죠. 그리고 퇴근은 항상 제가 마지막으로 합니다. 원래 경비가 있었는데 어제는 경비가 개인 사정으로 출근을 안 해서 현장은 제가 마무리하고 퇴근했죠."

"알겠습니다."

주저브 경감은 웰치 씨와 이야기를 나누고 현장을 다시 한 번 둘러보았다. 잠시 사라졌던 포터 형사가 다가왔다.

"경감님! 이것 좀 보십시오."

포터 형사는 종잇조각을 내밀었다.

"영수증?"

"네, 현장에 떨어져 있던 것입니다."

영수증에는 15만 달란의 임금을 지불했다는 아파트 관리공단의 도장이 찍혀 있었지만 어느 현장에서 일한 누구의 영수증인지는 알 수 없었다. 주저브 경감이 웰치 씨에게 물었다.

"일꾼들의 임금은 어떻게 지급하나요?"

"일꾼들의 일정이 제각각이에요. 그래서 자신의 일이 끝나는 순간 그동안 일한 임금을 한꺼번에 지급하지요."

"그럼 어제 17동 현장의 일을 끝마친 사람의 일당은 어제 지급했겠군요?"

"네, 어제 여섯 명에게 일당이 지급되었어요."

"하루 일당이 얼마지요?"

주저브 경감이 영수증을 쳐다보며 웰치 씨에게 물었다.

"1만 달란입니다."

웰치 씨가 대답했다.

"그렇다면 이 영수증의 주인공은 15일 동안 일한 사람이군요. 그러니까 15일 동안 일한 사람이 유력한 용의자입니다!"

주저브 경감이 영수증을 바라보며 심각한 표정을 지었고, 매키는 아무 말 없이 두 사람의 대화 내용을 메모하고 있었다.

"혹시 17동 공사 현장에서 작업한 사람 중의 하나가 아닐까요?"

웰치 씨가 눈을 깜박거리며 말했다. 모두들 웰치 씨를 바라보았다. 그러고는 잠시 아무 말도 없었다. 현장의 날씨가 제법 서늘해지자 웰치 씨가 말을 이었다.

"경감님! 잠깐 사무실에 들어오셔서 차라도 한 잔 하시죠?"

"알겠습니다."

웰치 씨는 사무실 안에 들어가 차를 마시며 말했다.

"경감님! 범인을 꼭 잡아 주세요. 그 공사 자재가 얼마나 비싼 건데……."

"17동 아파트 현장에서 일한 사람은 몇 명입니까?"

"8명입니다. 17동의 작업은 8명이 20일 정도 일하면 끝나는 일이지요. 그런데 8명 중 2명이 중간에 그만두고 6명이 일을 하게 되었어요. 그래서 예정보다 길어져 24일이 걸렸지요. 공사는 잘 끝났지만 마지막에 건축 자재가 없어져서……. 본사에서는 저에게 책임이 있다고 배상하라고 합니다. 이거 원, 제가 훔친 것도 아닌데……. 제발 범인 좀 잡아 주세요."

"도중에 그만둔 두 사람은 며칠 동안 일했지요?"

"글쎄요. 알 수가 없군요. 두 사람은 친구 사이인데 같은 날 그만두었고 그날 임금을 받아 갔습니다."

"그렇다면 이 영수증은 중간에 그만둔 두 사람 중 한 사람의 것일 가능성이 높아요! 다른 6명의 경우는 24일 동안 일한 것이 분명하니까요. 포터! 지금 당장 17동 아파트 공사 중 일찍 그만둔 두 사람을 잡아 오게."

주저브 경감이 확신에 찬 표정으로 말했다. 매키는 주저브 경감의 말에 아랑곳하지 않고 수첩에 무언가를 열심히 계산하고 있었다.

"잠깐만요!"

모두들 매키를 바라보았다.

"도중에 그만둔 두 사람은 범인이 아니에요."

"어떻게 확신하지?"

주저브 경감이 못 믿겠다는 표정으로 물었다.

"지금 계산을 마쳤어요. 작업반장님 말씀대로 8명이 20일 정도 일하면 끝나는 일이었는데, 2명이 일을 그만두는 바람에 남은 6명이 일을 하게 되었다면 이들 중에 15일 동안 일을 한 사람은 아무도 없어요. 그러니까 이번 사건은 다른 동에서 작업한 사람들까지 모두 포함하여 15일 동안 일한 사람을 찾아야 해요."

매키는 왜 17동의 일꾼 중에는 범인이 없다고 했을까? 17동 일꾼 중 도중에 그만둔 사람들은 며칠 동안 일을 했을까?

수학으로 범인 찾기

🧓 17동의 일꾼 중에는 왜 범인이 없지?

👦 이 공사는 8명이 20일 걸리는 일이므로 전체 일의 양을 1이라고 하면 한 사람이 하루에 하는 일의 양은 $\frac{1}{8 \times 20}$ = $\frac{1}{160}$이 됩니다.

🧓 잘 이해가 안 가는데.

👦 그럼 쉬운 것부터 보죠. 세 사람이 하루에 일을 모두 마친다면 한 사람은 전체 일의 몇 분의 몇을 한 거죠?

🧓 그야 3분의 1이지.

👦 좋아요. 그럼 한 사람이 4일 동안 일을 모두 마칠 수 있다면 한 사람이 하루에 하는 일의 양은 전체의 몇 분의 몇이죠?

🧓 그야 4분의 1이지.

👦 이제 두 가지를 합쳐 보죠. 어떤 일이 있는데 세 사람이 4일 동안 일해야 마칠 수 있다고 하면 이때 한 사람이 하루에 하는 일의 양은 $\frac{1}{3 \times 4}$ = $\frac{1}{12}$이 되지요.

🧓 그러니까 좀 이해가 가는군. 그런데 어떻게 남아 있는 6명 중에 15일 동안 일한 사람이 없는 것을 안 거지?

연립방정식을 세우면 되지요. 8명이 일한 날수를 x라고 하고, 두 사람이 그만둔 후 6명이 일한 날수를 y라고 하면 전체 일을 한 날수가 24일이니까 다음과 같은 식이 만들어져요.

$$x+y=24$$

하지만 이것으로는 x와 y를 알 수 없잖아?

하나의 조건이 더 있죠. 한 사람이 하루에 하는 일의 양이 $\frac{1}{160}$이니까 이 기간 동안 한 일의 양이 1이 되려면 다음과 같아요.

$$8 \times x \times \frac{1}{160} + 6 \times y \times \frac{1}{160} = 1$$

그러므로 위의 두 식에서 x와 y를 구하면 $x=8$, $y=16$이 됩니다. 즉 8명이 8일 동안 일하다가 나중에는 6명이 16일 동안 일했으므로, 8명의 일꾼 중 2명은 8일 동안 일했고 6명은 24일 동안 일한 셈이지요. 그러므로 17동 공사 현장에는 15일을 일한 사람은 없어요.

그렇게 되는군.

미지수가 두 개인 일차 방정식

미지수가 2개인 일차 방정식에 대해 알아봅시다.

10원짜리 동전 몇 개와 100원짜리 동전 몇 개를 합쳐 금액이 230원이라고 합시다. 그럼 10원짜리 동전과 100원짜리 동전은 몇 개일까요?

모르는 것은 10원짜리 동전의 개수와 100원짜리 동전의 개수입니다. 즉 미지수가 두 개입니다. 10원짜리 동전의 개수를 x, 100원짜리 동전의 개수를 y라고 합시다.

이때 10원짜리 동전의 전체 금액은 $10 \times x$(원)이고 100원짜리 동전의 전체 금액은 $100 \times y$(원)입니다.

그러므로 전체 금액은 다음과 같은 식으로 나타낼 수 있어요.

$$10 \times x + 100 \times y = 10x + 100y = 230(원)$$

이것은 미지수가 2개인 일차 방정식입니다. 그럼 이 방정식의 해는 어떻게 구할까요?

동전의 개수는 정수입니다. 즉 동전의 개수는 0, 1, 2, 3…이 되지요.

먼저 100원짜리 동전이 없다고 합시다. 그럼 $y=0$이지요. 이때 주어진 방정식은 다음과 같습니다.

$$10x = 230$$
$$x = 23$$

그러므로 내 손에는 10원짜리 동전만 23개가 있을 수 있습니다. 그렇다면 다른 경우도 있나 조사해 봅시다.

100원짜리 동전이 한 개 있다고 합시다. 그럼 $y=1$이므로 주어진 방정식은 다음과 같습니다.

$$10x + 100 \times 1 = 230$$

$$10x=130$$

$$x=13$$

그러므로 내 손에 100원짜리 동전 1개와 10원짜리 동전 13개가 있습니다. 또 다른 경우가 있을까요?

이번에는 100원짜리 동전이 2개 있다고 합시다. 그러면 $y=2$이므로 주어진 방정식은 다음과 같습니다.

$$10x+100 \times 2=230$$

$$10x=30$$

$$x=3$$

그러므로 내 손에 100원짜리 동전 2개와 10원짜리 동전 3개가 있습니다.

그럼 100원짜리 동전이 3개일 수 있을까요? 100원짜리 동전 3개의 금액은 300원입니다. 그러므로 이런 경우는 동전의 금액이 230원이 될 수 없지요. 같은 이유로 100원짜리 동전의 개수는 3개 이상이 될 수 없습니다.

그러므로 다음과 같이 세 가지 경우가 가능합니다.

	10원짜리 동전의 개수(x)	100원짜리 동전의 개수(y)	전체 금액
(A)	23	0	230원
(B)	13	1	230원
(C)	3	2	230원

그럼 도대체 내 손에는 몇 개의 10원짜리 동전과 100원짜리 동전이 있을까요? 물론 답은 앞의 세 가지 경우 중 한 가지입니다. 하지만 전체 금액이 230원이라는 하나의 조건만으로는 셋 중 어느 경우인지를 알 수 없습니다.

만일 내 손에 들어 있는 동전이 모두 5개라고 하면 동전의 개수를 결정할 수 있습니다. 전체 동전의 개수가 5개라는 조건을 식으로 쓰면 다음과 같습니다.

$$x+y=5$$

이것은 x와 y에 대한 또 다른 식입니다. 이렇게 미지수가 두 개인 일차 방정식에서 답을 구하기 위해서는 두 개의 식이 필요합니다. 즉 두 개의 식을 동시에 만족하는 x와 y를 찾아야 하지요.

이렇게 두 개의 미지수가 만족하는 두 개의 일차 방정식 세트를 연립방정식이라고 부르고 다음과 같이 나타냅니다.

$$10x+100y=230$$
$$x+y=5$$

물론 이 연립방정식의 해는 다음과 같습니다.

$$x=3, y=2$$

12장

페리앙 성의 종을 울려라
-간격의 문제

매키는 잠시 수학 경시대회 준비 때문에 로고스 시를 떠났다. 그러던 어느 날 지난번 누팡과의 수학 대결에서 망신을 당한 매틱스 씨가 다시 누팡에게 도전장을 내밀었다.

누팡에게

당신이 그동안 훔친 물건과는 비교할 수 없는 고대 이집트의 보석을 훔쳐 가시오. 보석은 페르앙 성 2층에 있는 금고 안에 있소. 오늘 밤 자정에 첫 번째 종이 울리는 순간, 금고문이 열릴 것이오. 그럼 물건을 가지고 가면 되오. 단, 한 가지 명심하시오. 12시를 알리는 마지막 종이 울리기 전까지 성 밖으로 빠져나오지 않으면 성문이 닫히게 될 것이오. 자신이 없으면 포기하시오.

　-매틱스

　매틱스 씨가 누팡에게 도전했다는 소식은 삽시간에 사람들에게 퍼졌다.

"경감님, 매틱스 씨가 또……."
포터 형사가 헐레벌떡 사무실로 들어와 낮잠을 자는 주저브 경감을 깨웠다.
"매틱스 씨가 뭘?"
주저브 경감은 약간 화난 듯한 표정으로 대꾸했다.
"매틱스 씨가 누팡을 페리앙 성으로 유인했어요. 이집트의 보석을 걸고……."
"뭐야? 그 사람 지난번에 당하더니 또? 이번에는 어떤 게임이지?"
"자정에 첫 번째 종이 울릴 때 금고문이 자동으로 열리는데, 금고 안의 보물을 들고 마지막 종이 울릴 때까지 성 밖으로 나가지 못하면 잡히는 게임이에요. 시계가 5시를 가리킬 때 첫 번째 종이 치고 다섯 번째 종이 치는 데까지 시간이 8초 걸린대요. 누팡이 과연 페리앙 성에 올까요?"

"가만……. 종이 한 번 치는 시간을 구해 보면 8을 5로 나누면 되지. 그럼 $\frac{8}{5}$초가 되고 12번 종이 치는 시간은 $\frac{8}{5} \times 12 = 19.2$(초)가 되는군. 그럼 누팡이 보물을 손에 쥐고 19.2초 내에 성을 나와야 하는 거잖아? 그건 불가능해. 아무리 빠른 사람이라도 페리앙 성이 너무 커서 22초 내에 성 밖으로 빠져나온 적이 없었어. 누팡도 그걸 알고 있을 테니 순순히 매틱

스 씨의 제안에 응할 리가 없지. 게임은 끝난 거 같군! 매틱스 씨가 이번에는 보석을 지킬 수 있을 거야."

주저브 경감은 누팡이 페리앙 성에 가지 않을 것을 것이라고 확신했다.

그런데 다음 날 아침 신문에는 '누팡, 매틱스의 보석을 훔쳐 가다!'라는 기사가 나 있었다.

"포터! 이게 어떻게 된 거야? 그 성은 22초 내에 빠져나올 수 없어. 누팡이 순간이동이라도 한 거야?"

"경감님! 이번에도 또 잘못 계산했군요."

그때, 매키가 문을 열고 들어오면서 말했다.

"그게 무슨 소리지? 매키?"

"페리앙 성은 22초 내에 탈출할 수 있어요."

"무슨 소리야? 내 계산이 틀릴 리가 없어."

"뭔가 논리에 문제가 있었겠죠."

매키가 배시시 웃으며 잔뜩 화가 나 있는 주저브 경감에게 말했다.

누팡은 어떻게 페리앙 성을 탈출했을까?

수학으로 범인 찾기

 어떻게 22초가 되는 거지?

 8초를 5를 나눈 것은 아무 의미가 없어요.

 왜지?

 5시가 되었을 때 처음 종이 칠 때부터 5번째 마지막 종이 칠 때까지의 시간을 구해야 하죠. 1번 종과 5번 종 사이의 간격은 5개가 아니라 4개거든요.

 5개가 아닌가?

 이것은 간격의 문제라고요. 예를 들어, 다섯 사람이 한 줄로 서 있다고 해요. 다섯 사람 사이의 간격이 1미터라고 하면, 첫 번째 사람과 다섯 번째 사람 사이의 거리는 5미터가 아니라 4미터가 되지요.

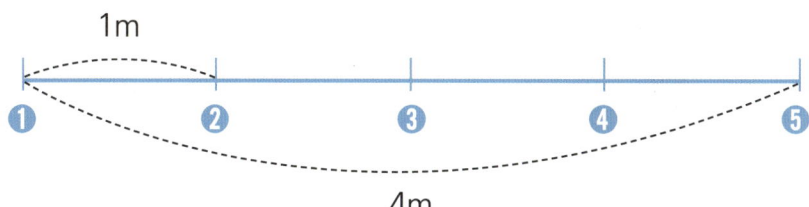

그렇군.

이 문제도 마찬가지죠. 첫 번째 종과 다섯 번째 종 사이의 간격은 4번이므로, 종과 종 사이의 시간은 8초를 4로 나눈 값인 8÷4=2(초)가 되지요. 그러므로 12시에 종이 12번을 치지만 첫 번째 종부터 12번째 종까지는 11개의 간격이므로 11×2=22(초) 내에만 성을 빠져나오면 된다고요.

그렇다면 누팡이 페리앙 성을 빠져나갈 수 있었겠군.

거리의 간격

간격에 대한 다른 문제를 풀어 봅시다.

예를 들어, 나무 몇십 그루가 같은 간격으로 심어져 있는데, 첫 번째 나무와 세 번째 나무 사이의 거리가 18m라고 하죠. 그럼 첫 번째 나무와 13번째 나무 사이의 거리는 얼마일까요?

이 문제 역시 간격의 개수가 몇 개인지를 정확하게 아는 것이 중요합니다. 첫 번째와 세 번째 나무 사이의 거리는 18m이

고, 이때 간격은 두 개이므로 한 간격은 9m가 됩니다. 그리고 첫 번째와 열세 번째 사이에는 12개의 간격이 있으므로 그 거리는 12×9=108(m)가 됩니다.

간격의 문제는 초등학교에서 많이 다룹니다.

예를 들어, 길이 110m의 일직선에 나무를 10m 간격으로 세우면 나무는 몇 그루를 세울 수 있을까요?

110m를 10으로 나누면 11이 되지요. 그렇다면 11그루일까요? 아니죠. 11개의 간격을 만들기 위해서는 일직선에 12그루의 나무가 필요하지요. 이렇게 간격의 개수와 심어야 하는 나무의 그루 수 사이에는 1의 차이가 생깁니다.

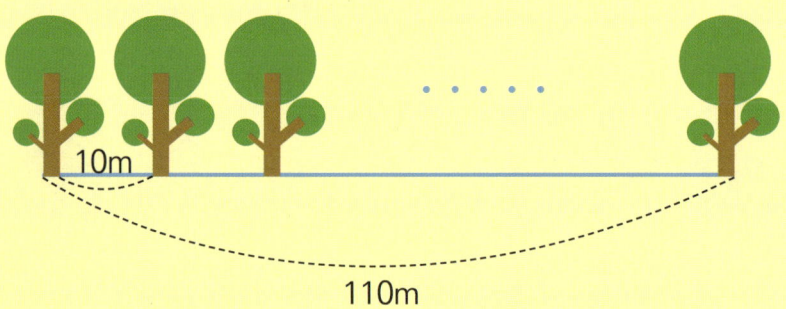

하지만 이 문제가 일직선이 아니라 원형 도로인 경우에는 달라집니다. 원형 도로의 둘레의 길이가 110m일 때 나무를 10m 간격으로 세우려면 간격은 11개가 필요하고 나무도 11

그루가 필요합니다. 원형 도로는 직선 도로와 달리 처음과 마지막의 나무가 일치하기 때문에 1그루의 차이가 생기지 않습니다.

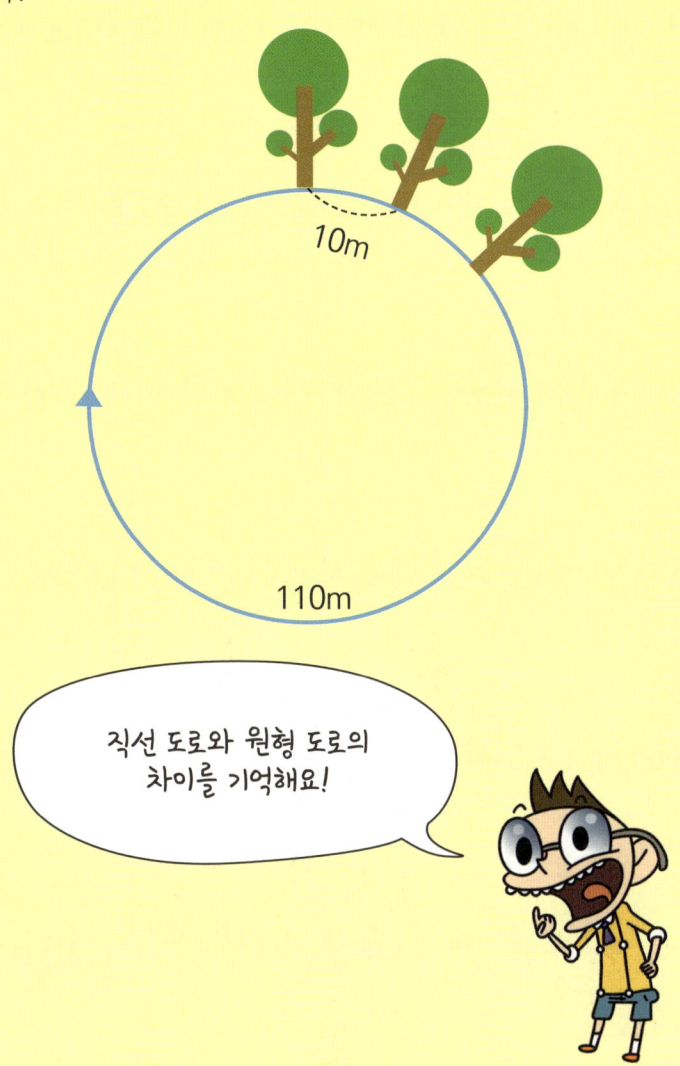

직선 도로와 원형 도로의 차이를 기억해요!

13장

요리법노트 도난 사건

-추를 사용해 무게 재기

"고소하겠어요!"

유명 요리사 레시 씨가 잔뜩 화가 난 얼굴로 경찰서에 왔다. 형사들은 큰 목소리에 화들짝 놀라 모두 레시 씨를 바라보았다. 포터 형사가 레시 씨에게 말했다.

"무슨 일이시죠?"

"괴짜 요리사 롤리 씨를 고소하겠어요. 그 사람은 내가 요리 공모전에 출품하려고 했던 작품을 훔쳐갔어요!"

롤리 씨라면 최근 새로운 요리를 발표하여 엄청나게 유명해진 스타 요리사였다. 만약 레시 씨의 말이 사실이라면 큰 문제를 일으킬 것이 분명했다.

"레시 씨, 흥분을 가라앉히시고 진정 좀 하세요! 무슨 근거로 롤리 씨가 요리 비법을 훔쳤다는 거죠?"

"그건……. 한 달 전에 롤리가 저를 찾아왔어요. 저는 그때 요리를 개발하고 있었고요. 15가지 재료를 각각 1g부터 15g까지 차례로 섞어서 만드는 환상의 요리였죠! 그 요리를 며칠 전에 열린 요리 공모전에 출품하려고 했어요. 그런데 그 요리법에 대한 소문이 났고, 많은 사람들이 그 재료들을 사용하여 샘플을 만들려고 했죠. 롤리도 그 사람들 중에 하나였고요. 그러던 어느 날 롤리가 양팔 저울과 1, 2, 4, 8g의 추를 이용해 저의 요리 재료 중 일부를 가지고 가겠다고 했어요. 저는 어차피 알려 줘도 저의 환상의 요리는 만들 수 없다고 여겨서 흔쾌히 허락했죠. 그런데 공모전 바로 전날에 롤리가 그 환상의 요리를 먼저 발표한 거예요. 흑흑흑……."

레시 씨는 이야기를 하다가 펑펑 울기 시작했다. 포터 형사는 왠지 그녀의 심정이 이해되기도 했고 안쓰럽기까지 했다. 그래서 일단 롤리 씨를 경찰서로 불러들여서 조사하기로 했다.

롤리 씨는 당당하게 경찰서 문을 열고 들어왔다.

"무슨 일이시죠? 저 바쁜 사람인데……."

롤리 씨는 선글라스를 벗으며 도도한 표정으로 말했다. 그러자 레시 씨는 금방이라도 롤리 씨를 한 대 때릴 것 같았다. 포터 형사는 일단 두 사람을 떨어뜨려 놓기로 했다.

"롤리 씨……. 솔직히 말씀하세요."

"물론이죠. 경찰서에서는 거짓말하면 안 되잖아요?"

"이번에 발표하신 '스위트 드림'이라는 요리가 레시 씨의 요리 비법을 훔친 거라고 하는데 사실입니까?"

"아니요."

"거짓말하시면 처벌을 면하기 어렵습니다. 다시 한 번 묻겠습니다. 레시 씨의 요리 비법을 훔친 것이 아닙니까?"

"저는 정식으로 레시 씨의 허락을 받고 요리를 했습니다. 물론 레시 씨가 먼저 개발은 했지만 발표는 제가 먼저 했어요. 원래 신제품은 발표 속도가 매우 중요하잖아요? 전 단지 빨리 발표한 것뿐이에요."

이를 지켜보던 레시 씨는 화가 나서 달려왔다.

"이봐! 롤리! 지금 그걸 말이라고 하는 거야? 내 요리를 훔쳐서 발표하고 이제 와서 뭐라고? 지금 죄가 없다는 거야?"

레시 씨는 롤리 씨의 머리채를 잡으려 했다. 그때 주저브 경감이 들어왔다.

"포터! 무슨 일이야? 여기가 경찰서인지 시장통인지 모르겠군. 왜 이렇게 시끄러워?"

"그게……."

"앗! 롤리 씨 아닙니까? 하하하, 제가 롤리 씨의 팬입니다. 이번 요리 정말 감동입니다. 저는 책을 두 권이나 구입했어요! 하하하!"

그러자 경찰서 안의 분위기가 냉랭해졌다.

"으흠……. 그런데 무슨 일로 경찰서에 오신 거죠?"

"레시 씨가 저를 고소했어요. 무고한 저를……. 흑흑흑."

롤리 씨는 갑자기 울음을 터뜨리기 시작했다. 롤리 씨의 팬인 주저브 경감은 어찌할 바를 몰랐다.

"롤리 씨, 울지 마세요."

"경감님!"

이를 지켜보던 포터 형사가 주저브 경감에게 말했다.

"중요한 사건입니다. 개인적인 감정은 빼고 공정하게 수사를 하셔야죠."

"알았네! 으흠. 무슨 일이야?"

"롤리 씨가 레시 씨의 요리법을 훔쳤다는 사건입니다. 롤리 씨는 아니라고 하고 레시 씨는 훔쳤다고 하니……."

주저브 경감은 레시 씨의 곁으로 다가갔다.

"레시 씨! 롤리 씨가 왜 당신의 요리를 훔쳤다고 생각하죠?"

"롤리가 저를 찾아왔을 때에는 양팔 저울과 1, 2, 4, 8g의 추밖에는 없었어요. 그런데 어떻게 그걸 가지고 제 음식을 똑같이 만들 수 있다는 거죠? 분명히 저의 요리법이 담긴 노트를 훔쳐 본 것이 분명해요."

"요리법이 담긴 노트가 없어졌나요?"

"그건 아니지만……. 살짝 봤을 수도……."

롤리 씨는 울음을 그치고 벌떡 일어나며 말했다.

"아니에요! 저는 양팔 저울과 추를 사용해도 좋다고 레시 씨가 말해서……. 아니, 허락해서 사용한 것뿐이에요. 그런데 어떻게 해서 그게 요리법을 훔친 게 되죠? 그때 분명히 허락을 했잖아요!"

"그래! 내가 저울과 추를 사용하는 것은 허락했지만 내 요리

노트를 훔쳐 보라고는 하지 않았어!"

"요리 노트라니요. 전 구경도 못해 봤어요. 그게 어떻게 생긴 지도 모른다고요!"

"그럼 저울이랑 추로 재료들의 용량을 다 알아냈단 말이야? 그게 말이 돼?"

두 여인의 말다툼은 끝이 보이지 않게 계속되었다. 주저브 경감과 포터 형사는 물론 다른 경찰관들도 업무는 뒤로 제쳐 두고 두 여인의 다툼을 지켜보았다. 그때 매키가 수업을 마치고 경찰서로 들어왔다.

"안녕하세요?"

경찰서 안의 사람들은 두 여인의 이야기에 집중하느라 매키의 인사도 듣지 못하였다. 매키는 포터 형사의 옆으로 다가갔다.

"포터 아저씨!"

"어? 그래. 매키 왔구나!"

"저분들은 요리사 아니에요? 음……. 롤리 씨! 요즘 최고로 인기 있는 요리사 맞죠?"

"그래! 그런데 큰일이야. 롤리 씨가 레시 씨의 요리를 훔쳤대.”

"네? 이번에 나온 '스위트 드림'이요?"

"응."

"그거 정말 맛있는데. 환상적인 맛!"

두 사람은 계속해서 지치지도 않고 싸웠다.

"포터 아저씨! 정말 롤리 씨가 레시 씨의 요리법을 훔친 거예요?"

"그런 것 같아. 왜냐하면 롤리 씨가 레시 씨의 허락을 받고 양팔 저울과 1, 2, 4, 8g의 추를 가지고 재료들을 가져갔다고 해. 레시 씨의 요리는 15가지 재료를 각각 1g부터 15g까지 차례대로 섞어서 만드는 요리라서 그 무게가 아주 중요하거든! 그런데 양팔 저울과 추 4개만으로 요리의 비법을 알아갔다는 게……. 나도 롤리 씨의 팬이기는 하지만 말이 안 되잖아? 레시 씨의 말대로 롤리 씨가 요리 비법이 담긴 노트를 훔쳐보았다는 말이 진실인 것 같아."

"글쎄요……."

매키는 곰곰이 생각을 하기 시작했다.

"아하!"

포터 형사와 주저브 경감을 비롯해 경찰서 안에 있던 사람들이 매키를 바라보았다.

"롤리 씨는 레시 씨의 요리 비법 노트를 훔치지 않았어요."

매키는 두 여인에게 다가가 말했다.

"레시 씨가 실수를 하셨어요. 양팔 저울과 추를 사용한다고 했을 때 허락을 하셨죠?"

"그래!"

"그럼 요리를 훔쳐도 좋다고 허락한 것과 다를 게 없는 거예요!"

"뭐라고? 그게 무슨 소리니?"

"롤리 씨! 당신은 정말 천재 요리사군요!"

"뭐? 호호호. 내가 수학을 좀 하지."

사람들은 점점 어리둥절해졌다. 주저브 경감은 매키를 재촉했다.

"매키야! 무슨 소리야? 어서 말해 봐!"

"그러니까 롤리 씨가 양팔 저울과 4개의 추를 사용해서 요리의 비법을 알아냈다는 건 꾸밈없는 사실이에요. 그걸 허락한 레시 씨의 잘못이죠! 결론을 말하자면 레시 씨가 억울하겠

지만 롤리 씨는 무죄예요. 허락을 받고 가져간 것이니까요!"

"말도 안 돼! 이런 꼬마의 말은 믿을 게 못 돼!"

레시 씨는 버럭 소리를 지르며 매키를 무섭게 노려보았다. 주저브 경감과 포터 형사는 매키를 보며 말했다.

"매키! 지금 무슨 소리야? 그게 말이 되니?"

"이건 중요한 사건이란다. 도대체 그 저울과 추로 어떻게 요리의 비법을 알아낸단 말이야?"

"롤리 씨는 양팔 저울과 1, 2, 4, 8g의 추를 사용해 1g부터 15g까지 잴 수 있었을 거예요. 그렇죠?"

롤리 씨는 고개를 끄덕였다. 하지만 레시 씨를 포함한 다른 사람들은 도무지 모르겠다는 표정을 지었다.

롤리는 어떻게 해서 양팔 저울과 1, 2, 4, 8g의 추만으로 1g에서 15g까지 무게를 잴 수 있었을까?

수학으로 범인 찾기

어떻게 1, 2, 4, 8g의 추로 1g부터 15g까지의 모든 무게를 잴 수 있는 거지?

간단해요. 1부터 15까지의 수는 다음과 같이 1, 2, 4, 8만을 이용한 덧셈으로 바꿀 수 있어요.

1=1

2=2

3=1+2

4=4

5=1+4

6=2+4

7=1+2+4

8=8

9=1+8

10=2+8

11=1+2+8

12=4+8

13=1+4+8

14=2+4+8

15=1+2+4+8

 아하! 그렇군!

무게 재기

1, 2, 4, 8g의 추로 1g에서 15g까지의 모든 무게를 잴 수 있다고 했지요? 이때 1, 2, 4, 8g은 어떤 규칙이 있는지 알아보죠.

$$1$$
$$2$$
$$4 = 2 \times 2$$
$$8 = 2 \times 2 \times 2$$

이 규칙대로라면 다음에는 어떤 수가 올까요?

$$16 = 2 \times 2 \times 2 \times 2$$

이렇게 나옵니다. 그러므로 1, 2, 4, 8g의 추로는 16-1=15(g)까지의 무게를 잴 수 있습니다.

그렇다면 1, 2, 4, 8, 16g의 추로는 어떤 무게까지 잴 수 있을까요? 이 규칙대로라면 16 다음의 수는 32가 됩니다. 그러므로 32-1=31(g)까지의 무게를 잴 수 있습니다.

예를 들어, 19=1+2+16이 되므로 19g의 무게를 잴 때는 1g, 2g, 16g의 추를 이용하면 되고, 31=1+2+4+8+16이므로 31g의 무게를 잴 때는 1g, 2g, 4g, 8g, 16g의 추를 모두 사용하면 됩니다.

하나만 더 다루어 보죠. 이 규칙대로라면 32 다음의 수는 32의 두 배인 64가 됩니다. 그러므로 1g, 2g, 4g, 8g, 16g. 32g의 추로는 64-1=63g까지의 무게를 잴 수 있습니다.

예를 들어, 50=2+16+32이므로 50g의 무게를 잴 때는 2g, 16g, 32g의 추를 이용하면 되고, 63= 1+2+4+8+16+32이므로 63g의 무게를 잴 때는 1g, 2g, 4g, 8g, 16g. 32g의 추를 모두 사용하면 됩니다.

탐구노트 쓰기

탐구노트를 잘 쓰는 법!

많은 학교와 학원에서 탐구노트의 중요성에 대해 말합니다. 그러나 탐구노트는 반드시 오답노트와 정리노트와는 달라야 합니다. 소크라테스와의 대화를 통해 자신의 오류를 깨닫고 새로운 질문을 만들어내서 생각과 지식의 폭을 넓히듯이, 우리도 책을 통해 알게 된 지식들을 선생님과의 대화를 통해 수정하고 자신만의 지식을 확장할 수 있는 문제를 만들어 탐구하는 장, 그것이 바로 수학탐구노트입니다.

탐구노트는 책을 읽고 스스로 탐구주제를 정하고 탐구하기 위해 쓰는 것인데, 탐구노트를 어느 정도 잘 쓰기 위해서는 2년 정도 주제탐구를 하는 연습이 필요합니다. 여러분이 책을 읽고 자신의 생각을 글로 표현하기 위해서는, 특히 그것이 논리적 글쓰기라면 더욱더 연습이 필요합니다.

탐구노트를 잘 쓰기 위해서는 주제에 맞는 탐구노트를 쓰는 것이 중요합니다. 어린이 여러분은 글을 쓸 때, 자신의 생각을 적는 것을 좋아해서 "이럴 것 같다"라는 말로 마무리 짓는 경향이 있습니다.

그러나 탐구노트는 탐구주제에 대한 자신의 생각을 자료조사, 검증, 증명 등의 수단을 통해 결과를 정리하는 것이 더 중요합니다. 어린이들의 호기심은 무한하지만, 그 호기심이 단순히 '이럴 것 같다', '왜 그렇지?'라는 생각으로만 끝난다면 의미가 없기 때문입니다. 그리고 이런 과정은 혼자서 여러 번 쓰는 것보다 잘 쓰여진 친구들의 탐구노트를 읽어보거나 선생님의 피드백을 통해 성장하는 과정이 필요합니다.

버려야 할 생각

① 탐구노트에 그날 배운 수학 내용이나 수학동화를 읽고 느낀 점, 기억하는 내용을 정리해야 한다는 생각은 버립니다.
② 꼭 답을 내야 한다는 생각은 버립니다.
③ 꼭 푼 문제의 답을 맞혀야 한다는 생각은 버립니다.
④ 보통의 탐구노트처럼 한두 쪽만 써야 한다는 생각은 버립니다.

가져야 할 생각

① 오늘 배운 내용이 반드시 그렇지 않다면, 다른 방법은 없을까?

② 오늘 배운 내용이 이렇다면, 그 다음에 이것보다 한 차원 높은 단계는 뭘까?

③ 책에서 이런 글의 내용을 읽었는데, 왜 그렇게 되지?

④ 오늘 배운 내용에 의하면 이런데, 이것을 다른 문제를 풀 때도 적용할 수 있을까?

⑤ 이런 수학적 원리와 개념은 우리 일상생활에서 뭐가 있지?

탐구노트에 쓰지 말아야 하는 용어

① 다음에 꼭 알아봐야겠다. → 오늘 알아봅시다.

② 이러이러한 것들이 궁금하다.

→ 그런 궁금한 것들을 연구하는 것이 탐구노트입니다.

③ 어려웠다, 쉬웠다, 힘들었다, 보람되었다 등의 감정을 담은 내용

→ "이것으로 오늘 탐구를 마무리한다"로 끝을 맺어 봅시다.

④ 선생님께 여쭤봐야겠다.

→ 스스로 찾아보고 정리한 후 선생님께 확인을 부탁드리면 어떨까요? 세상을 바꾼 수학자들은 항상 스스로 탐구하기를 좋아했습니다.

 **탐구주제**

이제까지 읽은 이야기가 재미있었나요? 이 책에 나오는 문제들을 풀려면 수학적으로 사고해야 합니다. 다음의 질문들을 곰곰이 생각해 보며 탐구노트를 써 보세요.

1. 모래시계로 시간을 맞추는 방법에 대해 탐구해 봅시다.

(1) 4분짜리와 7분짜리 모래시계로 9분을 만들어 봅시다.

(2) 300ml, 500ml, 800ml짜리 물컵으로 물 400ml를 만들어 봅시다.

2. 도로의 모양에 따른 나무의 개수에 대해 탐구해 봅시다.

(1) 40m 길이의 직선 도로(양쪽 도로)에 5m 간격으로 나무를 심을 때 필요한 나무의 총 개수를 구해 봅시다.

(2) 40m 길이의 원 모양의 호수 둘레에 5m 간격으로 나무를 심을 때 필요한 나무의 총 개수를 구해 봅시다.

(3) 결과에 대한 규칙을 찾아봅시다.

3. 거꾸로 푸는 방법에 대해 탐구해 봅시다.

(1) 여러 가지 문제를 해결할 때, 거꾸로 푸는 방법으로 풀면 효과적일 때가 있습니다. 거꾸로 푸는 방법으로 해결할 수 있는 문제와 거꾸로 푸는 방법으로 해결하지 못하는 문제들을 만들어서 해결하고, 왜 거꾸로 풀기가 가능하지 않은지 그 이유를 생각해 봅시다.

(2) 미지수가 여러 개인 연립방정식을 귀납적 추론의 방법인 표 그리기와 식 세우기를 이용해 해결할 수 있습니다. 이렇게 귀납적 추론으로 규칙을 찾아 문제를 해결하는 것이 중요한 이유를 예를 들어서 정리해 봅시다.

함께 탐구해 봐요!

 **탐구노트 예시**

1. 모래시계로 시간을 맞추는 방법에 대해 탐구해 봅시다.

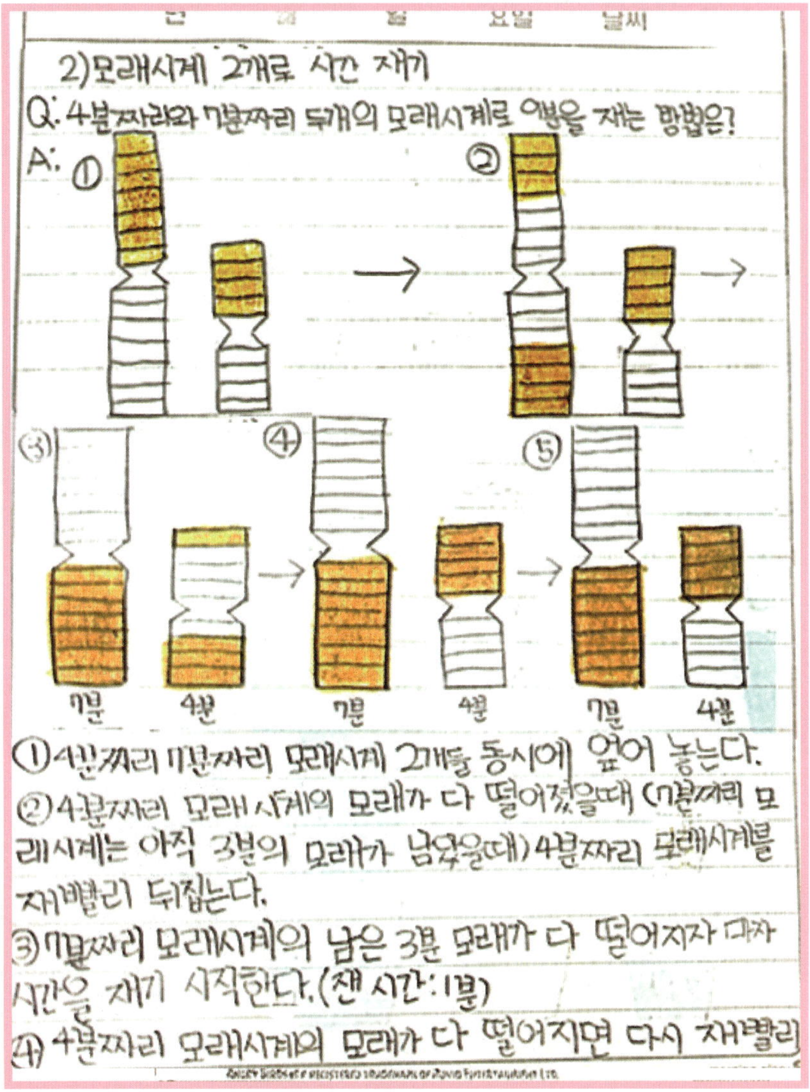

2) 모래시계 2개로 시간 재기
Q: 4분짜리와 7분짜리 두개의 모래시계로 9분을 재는 방법은?
A: ① ② ③ ④ ⑤
7분 4분 7분 4분 7분 4분

① 4분짜리 7분짜리 모래시계 2개를 동시에 엎어 놓는다.
② 4분짜리 모래시계의 모래가 다 떨어졌을때 (7분짜리 모래시계는 아직 3분의 모래가 남았을때) 4분짜리 모래시계를 재빨리 뒤집는다.
③ 7분짜리 모래시계의 남은 3분 모래가 다 떨어지자 마자 시간을 재기 시작한다. (잰 시간: 1분)
④ 4분짜리 모래시계의 모래가 다 떨어지면 다시 재빨리

뒤집는다.(잰시간:5분)
⑤ 4번을 반복한다.(잰시간:9분)
결국 9분을 재는 미션은 성공!!!
　3) 물통 3개로 물의 양 재기
Q: 300mL, 500mL, 800mL 물통 3개로 물 400mL를 재는 방법은?
A:

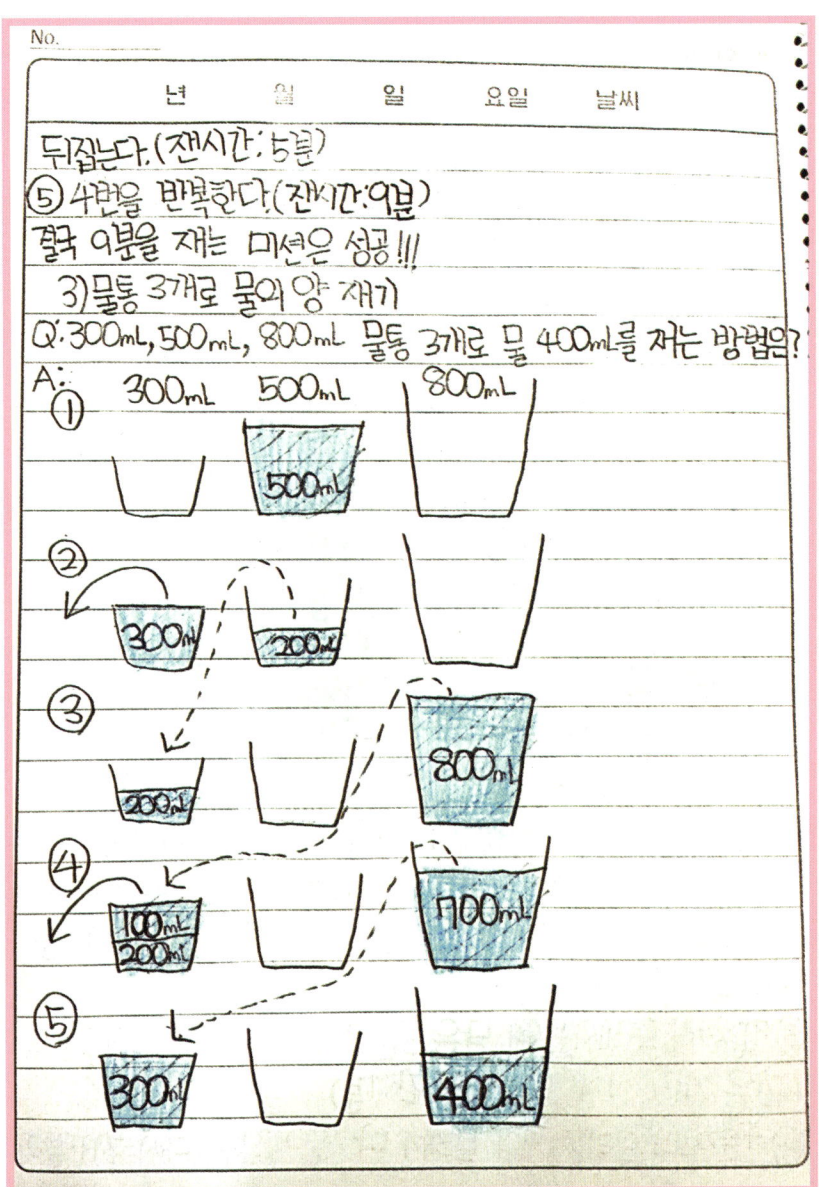

년   월   일   요일 :   날씨

① 500mL 물통을 가득 채운다.
② 1번물을 300mL 물통에 가득 채운다. (500에는 200 남음)
③ 500mL 물통에 담긴 200mL 물을 모두 비운 300mL 물통에 붓는다. 그리고 800mL 물통은 가득채운다.
④ 800mL 물통의 800mL 물을 300mL 물통이 가득 차도록 붓는다. (100만 붓는 것이므로 700 남음.)
⑤ 300mL 물통을 완전히 비운 다음 800mL 물통에 담긴 700mL 물을 300mL 물통이 가득 차게 붓는다..

결국 800mL 물통에 물 400mL만 남게됨!!!
 이렇게 하여 재미있는 문제들을 풀어본 오늘의 연구를 모두 마친다.

> 지아야~ 정말 멋진 연구였어~
> 이렇게 꼼꼼히 자신의 생각을 정리할수 있는 지아가 선생님은 너무 기특하다. 9월도 멋지게 만들었고~ 400mL도 신박적인 시도였어~ 지아야~ 고대연구란 마음에서 느껴지는 모든 생각들을 글로 표현하는 거란다. 혹시 연구를 하다가 또 다른 방법이 떠오르진 않았을까? 만약 또 다른 방법이 생각난다면~ 꼭 한가지가 아닌 여러가지를 써도 된단다. 물론 그중에 틀리는 문제가 있어도 되고~~~ 언제든지 궁금한 것을 적기도 좋고~
> ☺ 멋진 결론을 내야한다는 생각에서 좀 자유롭게 생각해도 좋단다~~

선생님의 한마디

모래시계를 이용해서 원하는 시간을 재는 것과 계량컵을 이용해서 원하는 양의 물의 양을 만드는 것은 직접 해보며 그 과정을 적을 수 없는 문제이기 때문에 문제해결을 위한 계획이 매우 필요해. 특히 이런 문제는 순서가 매우 중요한데, 같은 결과가 나오더라도 최소의 사용횟수를 만드는 것이 중요하단다.

네가 물의 양을 맞출 때 800ml를 사용하지 않고 만들었다는 사실을 알고, 어떻게 하면 800ml도 사용하면서 맞출 수 있을지 고민한 것은 정말 훌륭해.

그러면 이렇게 해보면 어떨까?

순서	과정		남아 있는 물통의 물		
	설명	그림	800ml	500ml	300ml
❶	500ml 물통을 가득 채운 후, 300ml 물통에 붓는다.			200	300
❷	500ml 물통에 남아 있는 물을 800ml에 붓고 300ml 물통의 물을 버린다.		200		
❸	❶→❸을 한 번 더 반복한다.		400		

마지막으로 실제로 모래시계나 비커를 이용해서 문제를 해결해 본다면 문제를 잘 해결했는지 확인할 수 있을 거야.

2. 도로의 모양에 따른 나무의 개수에 대해 탐구해 봅시

호수 둘레의 나무의 갯수와 도로의 양 변에 심어진 나무의 갯수 사이에 있는 연구!

호수의 둘레와 도로의 길이가 같을 때, 모두 40m라고 해보고, 5m 간격이 나도록 심을 때, 어떤 차이점과 어떤 특징들이 있을까? 우선, 호수는 ◯렇게 둥글고, '도로의 양 변' 이라는 뜻은 이렇게 있어 양쪽에 나무를 바심는 것이다.

우선, 호수에 심을 때는 시작과 끝이 만나니까, 간격과 나무의 수가 같다는 것이 가장 중요하다. 둘레가 40m이고, 5m 간격이면 간격의 수는 40÷5=8개 이므로, 나무의 수도 8그루를 심을 수 있는것이다. 호수에 나무 심을 때의 특징은 가장 중요했다고 한 "시작과 끝이 만나니까" 간격의 수만 구하면 된다는 것이다.

양 변의 도로에 심을 때는 한쪽만 먼저 구해야 한다. 이때는 시작과 끝이 따로 있으니까 나무 수=간격+1 이다. 따라서, 한 쪽에 있는 나무의 수는 8+1=9 그루이므로, 양 쪽에는 9×2=18그루 이다.

선생님 말씀
축은 연구였어~ 항상 정확하게 읽고 싶어
하는 혜형이의 꼼꼼함이 돋보이는 연구였구~
선생님이 묻지 지정해서 열심히 답이 있었어~
먼저 마음 앞서려는 할 때여지가 아니도,
혜형이의 연구를 꼼꼼하게 잘 해줘서
축제하~

> **선생님의 한마디**
>
> 거리의 간격을 구하는 문제를 제대로 탐구하기 위해서는 길의 모양이 직선으로 나 있는 경우(외길, 양쪽 길)와 원형인 경우, 직사각형(여러 가지 다각형 모양)인 경우의 차이점에 대해 먼저 이해해야 해. 결국 너는 출발점과 도착점이 만나는 경우와 만나지 않는 경우로 결과가 달라지게 된다는 사실을 알아냈으니 정말 훌륭해.
>
>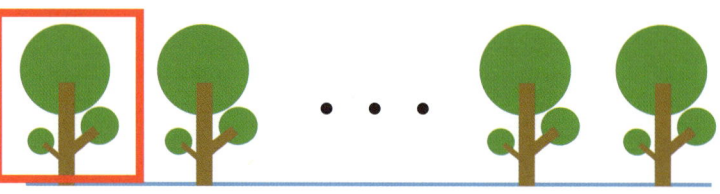
>
> 만약 이 그림처럼 길의 모양이 직선으로 나 있는 외길이라면 처음 출발점에도 나무를 심어야 하므로, 전체 거리를 간격으로 나눈 수보다 나무 1그루를 더 심어야 해. 그럼 주어진 문제를 해결해 볼까?
>
> 모두 5m 간격으로 나무를 심는다고 계산해 보면 다음의 표와 같이 정리할 수 있어. 먼저, 도로의 거리를 나무를 심는 간격으로 나누어야 해. 40÷5=8, 나무와 나무 사이의 간격은 8m야. 이제 도로의 모양에 따라 출발점의 나무의 수를 1

만큼 더해야 할지를 생각하면 돼. 도로의 모양이 직선이라면 나무의 수를 1만큼 더해야 하고, 원형의 호수처럼 출발점과 도착점이 연결되어 있으면 더하지 않아도 돼.

	길의 모양	과정 설명	필요한 나무의 총 수
❶	40m 직선 도로(양쪽)	(8+1)×2=18	18그루
❷	40m 원형 모양의 호수	출발점과 도착점이 연결되어 있으므로 8	8그루

도로에 나무를 심을 때는 거리를 간격으로 나누어야 한다는 것과 출발점과 도착점이 연결된 도로인지 아닌지를 꼭 살펴야 한다는 것을 기억하길 바래.

두 가지를 꼭 기억해요!

3. 거꾸로 푸는 방법에 대해 탐구해 봅시다.

2020년 3월 30일 월요일

나는 <수학탐정 마키와 녹팡의 대결 3>을 읽었다. 이번 수업에서는 거꾸로 푸는 방정식에 대해 배웠다. 그리고 여러 문제도 풀어보았다.

이제 연구를 시작하겠다.

[연구]
1. 방정식으로 내가 하고 싶은 것을 생각해보고, 이것이 이뤄졌을 때를 상상한 짧은 글 쓰기

{방정식으로 내가 하고싶은 것}

 나는 방정식으로 타임머신을 만들고 싶다. 타임머신은 아직까지는 만들어지지 않은 것이기 때문이다. 사람들은 대부분 불가능할 것이라고 생각하겠지만, 나는 할 수 있다고 생각한다. 왜냐하면 내가 전에 어떤 영상을 봤는데 그 영상에서 사람들이 방정식을 이용해 여러가지 비행물체를 만들고, 여러 연구를 했다고 했기 때문이다. 비행물체를 만들때, 방정식을 사용하는 이유는 방정식을 이용하여 복잡한 힘의 관계를 미지수로 나타내 정리하면 편하게 알아낼 수 있기 때문이라고 한다. 그리고 '과학의 언어는 수학이다'라는 말이 있으므로 타임머신 만들기는 충분히 가능할 것이다.

내가 여러 연구를 통해 타임머신을 만들어 낸다면 타임머신을 최초로 만든 유명한 사람이 될 수 있을 것이다. 그래서 도움 많이 받게되면 꼭 힘들게 살아가는 아이들에게 후원과 봉사를 해어줄 것이다. 그리고 사람들이 미래와 과거를 드나들 수 있게 되면 많은 도움이 될 것이고, 이 연구를 통해 연구원이 꿈인 아이들에게 희망을 줄 수 있을 것이다.
　따라서 나는 방정식으로 타임머신을 만들어 모두에게 좋은 삶을 줄 수 있도록 할 것이다. 하지만, 만약 내가 타임머신을 만들 수 없는 상황이 처해있다면, 그래도 나는 연구만이라도 열심히 최선을다해서 할 것이다.

-끝-

2. 거꾸로 푸는 다양한 문제를 만들고 해결하기.

⇨

(1) 민지는 당근 컵케이크 재료를 사려고 백화점에 갔습니다.

먼저 장난감을 파는 층에 들러 장난감을 구경한 뒤 엘리베이터로 2층을 올라가서 당근머핀 반죽을 샀습니다.

당근 머핀 반죽을 파는 층에서 엘리베이터로 4층을 내려가서 크림을 샀습니다

크림을 파는 층에서 엘리베이터로 크림을 파는 층수의 절반인 층에 가서 견과류를 샀습니다.

마지막으로 견과류를 파는 층에서 엘리베이터로 3층을 내려가서 1층에 도착했습니다.

이때, 장난감을 파는 층은 몇 층인지 풀이과정을 쓰고 답을 구하세요.

· 풀이
⇒ $(1+3) \times 2 + 4 - 2 = 10$(층)

· 답
⇒ 10층

2020년 4월 15일 일요일

나는 <수학탐정 미케와 누명의 대결3>을 읽었다. 이번 수업에는 방정식을 푸는 다른 방법(거꾸로 돌리기를 제외한)에 대해 배웠다. 미지수가 여러개인 연립방정식을 풀 수있는 방법을 배웠는데, 그것은 귀납추론(귀납법)의, 표 그리기와 식 세우기를 통해 풀 수 있다고 했다. 그 개념을 통해 이번엔 여러 가지 문제도 풀어보았다.

　　　이제까 연구를 시작하겠다.

[연구]

1. 실생활에서 귀납법으로 규칙을 찾는 것이 중요한 예 3가지 찾기

　(1) 귀납법은 수학적인 개념을 증명할 때 사용이 된다. 귀납법이란 귀납적 추리의 방법과 절차를 논리적으로 체계화한 것이다. 예를들어 삼각형의 내각의 합이 180°라는 사실은 그림을 그렸을 때 알아낼 수 있다. 그림을 그리는 것을 제외한 다른 여러가지 방법들도 사용해서 학생까지 그것을 알아내서 증명한다면 정확한 법칙이 될 수있다.

(2) 귀납법은 수학이 아니더라도 다른 사실을 증명할 때 또한 사용이 된다. 예를 들어서, 새로운 물체를 사용할 때 사람들은 귀납법을 통해 동물에게 먼저 시험하고 성공하면, 사람들에게 시험한다음 성공해야만 그것을 모두 사용할 수 있도록 하게 하는 규칙을 만들어 냈다. 그래서 지금은 신약 개발과 서 화장품 개발에 그 규칙을 사용한다고 한다. 실제로 귀납법은 이렇게 많이 사용이되고, 아이들도 본능적으로 사용하게 된다고 한다.

(3) 마지막으로 귀납법은 사람들을 설득할 때도 사용이 된다고 한다. 어떤 사람이 자신이 증명하거나 개발한 것을 여러가지 이유와 과정을 설명해 정확히 사람들에게 확인 시키면, 설득이 될수 있다. 예를 들어, 아까 말했듯이 아이들도 귀납법을 사용해 사람들 (어른들)을 설득시킨다고 한다. 아기가 엄마에게 장난감을 사달라고 할 때, "○○도 갖고 있고 ○○도 갖고있고 ○○도 갖고있어." 라고 설득시킨다.

2. 연립 방정식 문제를 만들어서 귀납법으로 해결 하기. ⇨

(1) 공원에 10살과 11살인 아이들이 체육활동을 하려고 모여있습니다. 모든 아이들이 총 34명이고 아이들의 나이를 모두 더하면 359살일 때 10살과 11살 아이들은 각각 몇명입니까?

나이가 15 살

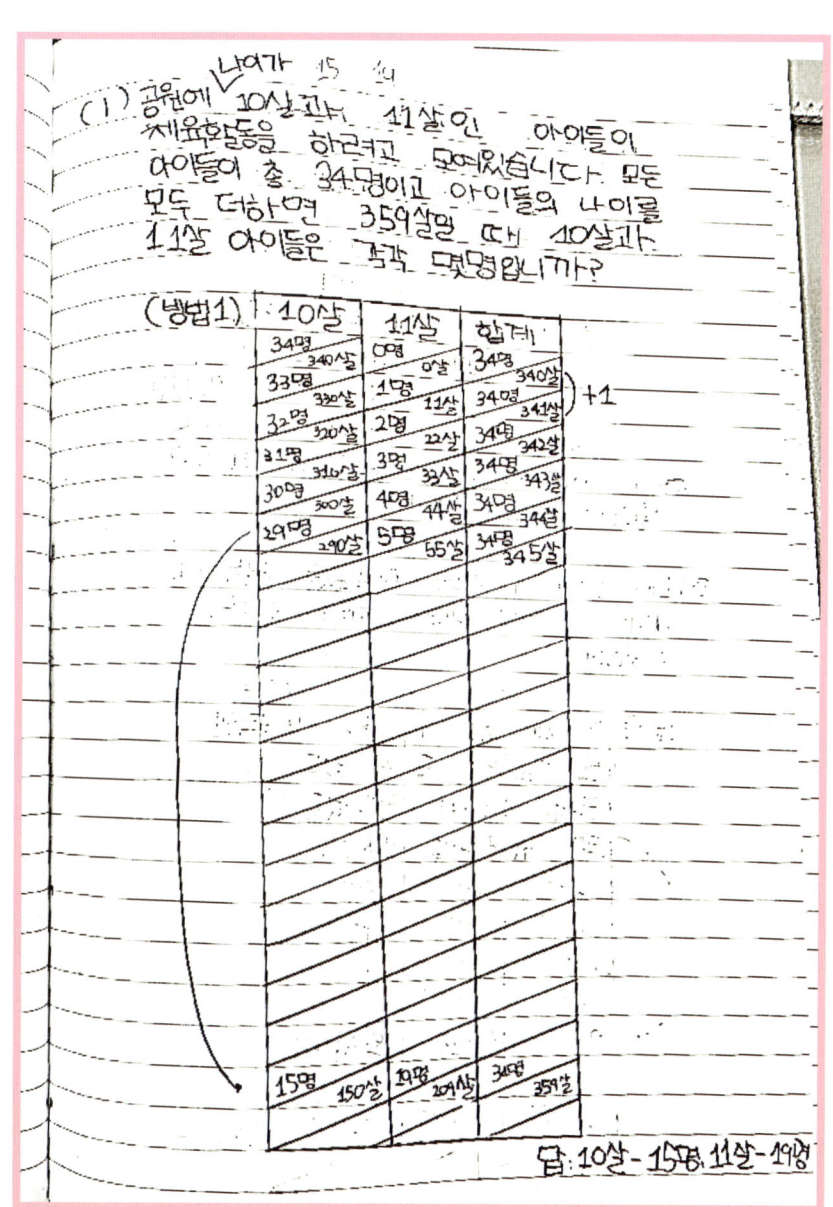

(방법1)

10살		11살		합계	
34명	340살	0명	0살	34명	340살
33명	330살	1명	11살	34명	341살
32명	320살	2명	22살	34명	342살
31명	310살	3명	33살	34명	343살
30명	300살	4명	44살	34명	344살
29명	290살	5명	55살	34명	345살
...					
15명	150살	19명	209살	34명	359살

)+1

답: 10살-15명, 11살-19명

(방법2) 10살=34명, 340살 / 11살=0명, 0살
⇒ 34명, 340살
10살=33명, 330살 / 11살=1명, 11살
⇒ 34명, 341살
" =32명, 320살 / " 2명, 22살
⇒ 34명, 342살
" = 15명, 150살 / " 19명, 209살
⇒ 34명, 359살
답: 10살-15명, 11살-19명

(2) 20문제인 시험에서 한문제당 맞으면 70점을 주고, 틀리면 20점을 깎는다고 합니다. 못푼 문제는 틀린 문제로 할 때, 유주는 770점, 예리는 1130점, 아라는 500점을 받았다고 합니다. 유주, 예리, 아라의 맞은 개수를 각각 구하세요.

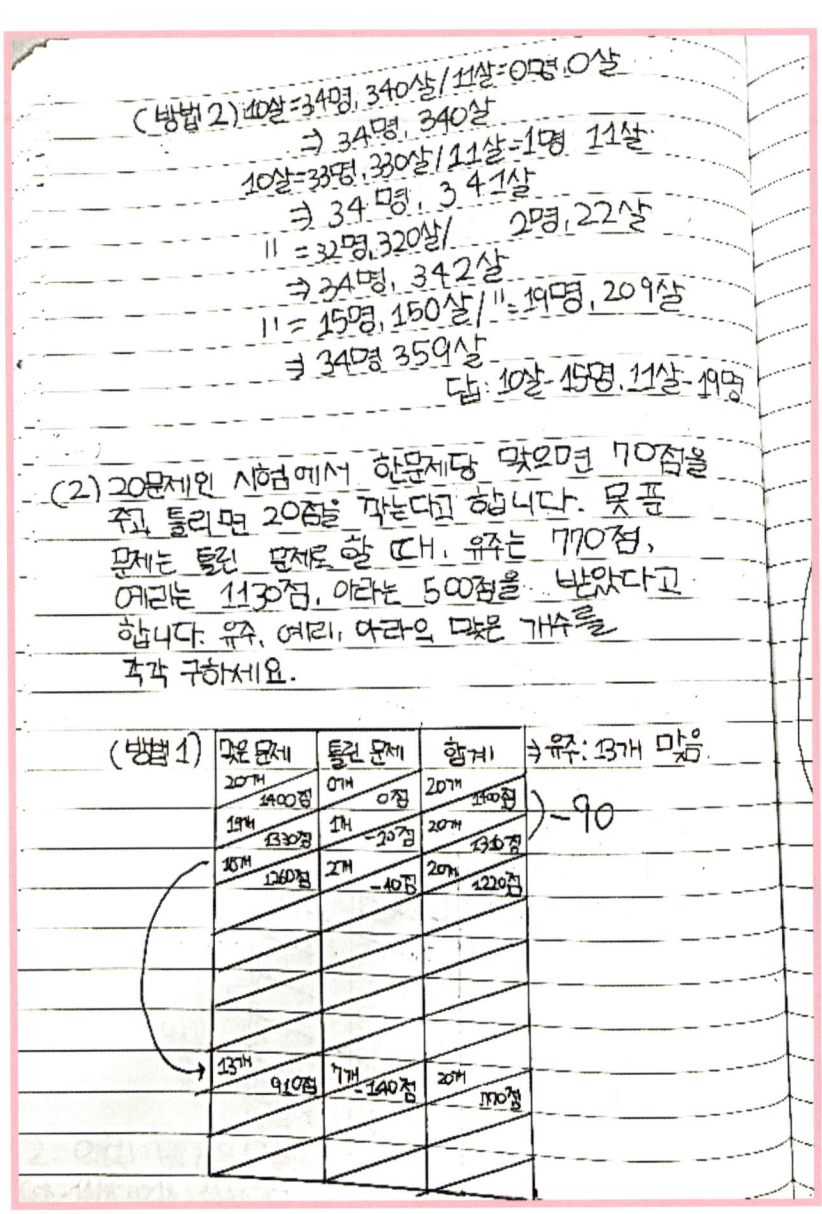

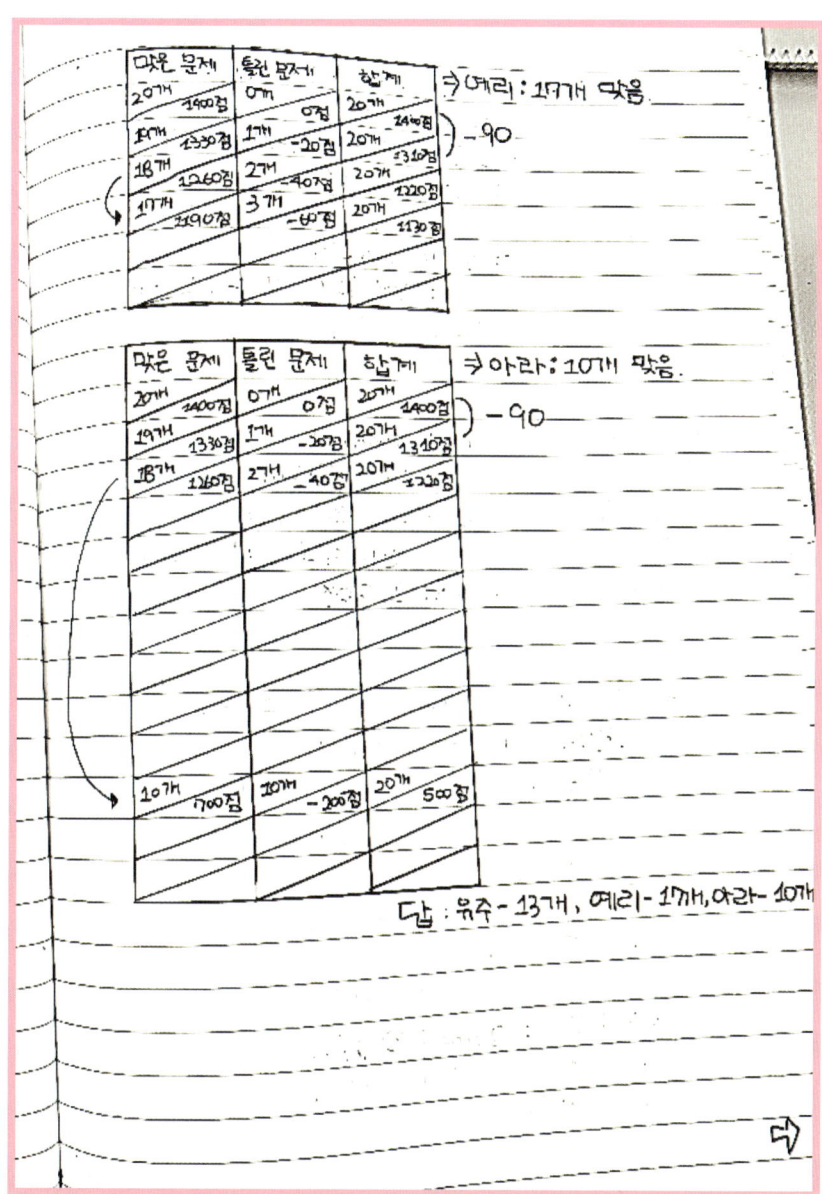

(방법2) 유주: 맞은 문제 = 20개, 1400점 / 틀린문제 = 0개, 0점
⇒ 20개, 1400점
맞은 문제 = 19개, 1330점 / 틀린문제 = 1개, -20점
⇒ 20개, 1310점
" = 18개, 1260점 / " = 2개, -40점
⇒ 20개, 1220점
" = 13개, 910점 / " = 7개, -140점
⇒ 20개, 770점 / 맞은 문제: 13개

예리: " = 20개, 1400점 / " = 0개, 0점
⇒ 20개, 1400점
" = 19개, 1330점 / " = 1개, -20점
⇒ 20개, 1310점
" = 18개, 1260점 / " = 2개, -40점
⇒ 20개, 1220점
" = 17개, 1190점 / " = 3개, -60점
⇒ 20개, 1130점 / 맞은 문제: 17개

아라: "
"
"
"
"
" = 10개, 700점 / " = 10개, -200점
⇒ 20개, 500점 / " : 10개

답: 유주 - 13개, 예리 - 17개
 아라 - 10개

오늘 일기는 생각보다 재미있었다. 앞에서
에서 찾아 보는 것은 조금 오래 걸렸지만, 귀납법이
정확히 무엇인지 알 수 있어서 많이 특별했다.
이제 연구를 마치겠다.

🔴 **선생님의 한마디** 거꾸로 풀기는 수학의 문제해결 전략 중 아주 중요한 방법인데, 너는 그 필요성에 대해 잘 이해한 것 같구나. 수학은 주어진 문제의 답을 맞추는 것이 아니라 문제해결 과정을 논리적으로 생각하는 것이 중요한 과목이기 때문에 이번에 네가 스스로 문제를 만들고 해결해 보는 것을 경험한 것은 아주 중요해. 또 이런 거꾸로 풀기 방법을 잘 이용하면, 우리가 일상에서 어떤 문제가 생겼을 때, 원인을 알아내는 데도 도움이 될 수 있어. 이번 탐구를 통해 수학을 배우면 우리 일상생활에서도 큰 도움이 된다는 것을 알았을 거라고 생각해.

그리고 실생활에서 귀납적으로 규칙을 찾는 것이 중요한 이유를 정말 잘 설명했어. 귀납적 추론은 네가 정리한 것처럼 과정을 논리적으로 설명하는 데 큰 도움이 돼. 그래서 초등학교 때는 공식을 이용해서 쉽게 답을 구하는 것보다 그 답이 나오는 과정을 직접 하나하나 표로 그려 보면서 예상하는 과정이 아주 중요해. 이 과정은 실생활에서 처음 마주치는 문제들을 해결하기 위해 실마리가 필요할 때 큰 도움이 될 거니까 꼭 스스로 연습해 보길 바란다.